教育部人文社会科学研究青年基金项目
"政治文化变迁中的美国公民教育课程研究及启示"
（15YJC710044）

当代中国学术文库

美国中小学公民教育课程标准研究

聂迎娉 / 著

人民日报出版社

图书在版编目（CIP）数据

美国中小学公民教育课程标准研究／聂迎娉著.
—北京：人民日报出版社，2017.11
ISBN 978－7－5115－5082－8

Ⅰ.①美… Ⅱ.①聂… Ⅲ.①中小学—公民教育—课
程标准—研究—美国 Ⅳ.①G631.6②G639.712

中国版本图书馆 CIP 数据核字（2017）第 271329 号

书　　　名：美国中小学公民教育课程标准研究
著　　　者：聂迎娉

出 版 人：董　伟
责任编辑：王慧蓉
封面设计：中联学林

出版发行：人民日报出版社
社　　　址：北京金台西路 2 号
邮政编码：100733
发行热线：（010）65369509　65369846　65363528　65369512
邮购热线：（010）65369530　65363527
编辑热线：（010）65369522
网　　　址：www.peopledailypress.com
经　　　销：新华书店
印　　　刷：三河市华东印刷有限公司

开　　　本：710mm×1000mm　1/16
字　　　数：192 千字
印　　　张：13
印　　　次：2018 年 1 月第 1 版　　2018 年 1 月第 1 次印刷

书　　　号：ISBN 978－7－5115－5082－8
定　　　价：46.00 元

前　言

　　学校是公民教育的重要场所和获取知识的主要途径,承载着传播主流价值观念、培养合格公民的任务。公民教育课程是学校公民教育的核心载体,为青少年学生提供连贯、系统的专业指导和帮助,是传播公民知识和培养公民技能的直接、有效渠道。美国中小学公民教育主要通过社会科课程实现,它依托公民学、历史、地理和经济四大核心学科,整合人文社会科学领域知识,是一套跨学科的综合学习体系。其中,公民学课程在帮助公民认同美国民主的基本价值观和原则、负责任地参与政治生活中发挥着重要作用,在社会科中居于重要地位。

　　美国公民教育课程标准是界定公民教育课程性质、课程目标、课程内容和课程教学的指导性规定,体现了美国主流政治文化对理想公民的期求与希冀,是研究美国学校公民教育基本特征和价值导向的重要依据。以公民学课程标准为切入点,既能有效规避多样化课程教学实践的不确定性,还有助于深化对公民教育实践活动规律的认识,从本质上把握课程所传播的主流意识形态。

　　全书的总体思路是:首先,以史为脉络,基于政治文化的视角梳理公民学课程在美国学校公民教育历史中的演变,阐述公民学课程标准出现的历史必然性和存在的重要性,追溯公民教育课程标准的法律依据和理论渊源;其次,对国家和联邦州两个层面公民教育课程标准的内容体系进行解构对比,分析其统一性与差异性,试图归纳美国政治体系和政治权力所倡导的政治思想和政治价值,即主流社会对"理想公民"的期望;再次,通过对课程标准应用过程中实施主体和载体等要素的分析,论证公民教育课程标准对课程教学和教学质量评估产生的影响;最后,批判地思考该研究对我国思想政治教育课程实践的启示和借鉴价值。

基于此,本书的主要研究内容可简要概括如下:第一,从政治文化变迁的角度,梳理美国中小学公民教育课程的历史演变和发展阶段,总结政治文化与公民教育协同发展的一般规律。本书以公民学课程为切入点,与主流政治文化变迁过程中从自由主义政治文化发展为国家干预型政治文化,再演变为参与型政治文化相适应,美国公民教育经历了"价值传承"教育、"战时公民"教育和"主动公民"教育三大发展阶段;以课程设置为线索,公民学课程经历了从附属于历史课程中的公民教育模块、社会科体系中的独立课程到核心课程的变化过程。不同政治社会背景下公民学课程核心内容和历史地位的变化,既凸显了公民教育课程是政治文化传承的主要方式,又体现了该课程以主流政治意识需要为出发点培养公民的性质。第二,通过对公民教育课程标准的全方位解构,认识美国公民教育目标的合法性根源,辨析其所谓"价值中立"的实质。课程标准包含了公民教育的课程目标、核心内容、教学方法与策略等要素,反映了美国民主政治所倡导的统一的、核心的公民政治价值观,解释了教育目标的合法性。同时,教育改革引发课程地位的变化,课程指导思想和课程框架的调整,这实质上是公民教育以课程形式对政治文化变迁的回应,二者相互促进、协同发展。

公民教育课程是有组织、系统化地形成、维持和发展政治文化的重要途径。政治文化,既为公民教育提供条件,又为公民教育规定基本内容和价值取向。公民教育课程与政治文化在现实政治生活中体现了形式与内容、手段与目的的关系。二者的辩证统一与协同发展，既能使符合政治体系需要的政治文化得到有效传播，又能促进与政治文化变迁相适应的公民教育课程体系的构建与发展。建国后，美国逐渐实现了从自由主义政治文化到参与型政治文化的转型，经济与政治体制因素的推动以外，公民教育与政治文化的相互构建也是一个重要的推动力。美国公民教育课程对政治文化变迁的持续响应，推动了公民教育与政治文化的协同发展，促进了美国政治文化的转型。

美国中小学公民教育课程标准发展至今，它体现了美国国家意志，确立了公民知识、公民技能、公民品性三位一体的目标体系，注重基础教育阶段的连贯性，兼顾国家指导性和地方多样性，形成了政治文化与公民教育相互建构并协同发展的内在机制。基于此，本书对我国学校思想政治教育课程建设提出了几点思考，认为我国应构建以公民意识为中心的连贯、系统的思想政治教育课程体系，重视和加强思想政治教育社会性资源培育，修订和完善思想政治教育课程的评价体系，以提高思想政治教育的时效性。

目　录
CONTENTS

第一章

绪 论

第一节 问题的缘起与意义

一、问题的提出

美国从建国至今仅有 240 多年的历史,其公民教育理论与实践虽然晚于德、英等传统欧洲国家,但美国一直重视公民教育,倡导公民参与,创建了丰富的公民教育理论,积淀了深厚的公民文化,被公认为西方实施公民教育最具代表性的国家之一。

美国的公民教育以各种形态渗透到公民日常生活中,如家庭和社区生活、学校课堂教学和课外活动、大众传播媒体、教会活动等。在其公民文化的形成过程中,从政府到社会,从国家领导人到普通民众,从政党到教会都做出了自己的贡献。在美国,公民教育深植于学校教育,学校是青少年接受系统、专业的公民教育的场所,承载着传播主流价值观念、培育合格美国公民的任务。公民教育课程,作为学校公民教育的核心载体,承载着系统持续传播公民知识,培养公民技能、塑造公民品格的任务。

在中小学阶段,美国公民教育主要通过社会科实现,其根本目的是帮助学生在相互依存的世界中成长为在西方民主、多元社会中,具备为公众利益做出合理决策能力的合格公民。① 社会科是美国基础教育阶段普遍开设的综合课程,它依托公民学、历史、地理、经济四大核心学科,围绕高度概括的研修主题,将与学生息息相关的人文社会科学领域知识协调整合为一套跨学科、多领域的综合学习体系。其中,公民学课程作为政治文化和政治意识代际传播的主要载体,能帮助青少年形成社会合格公民应具备的公民知识、公民技能和公民品性,在社会科中居于重要地位。

美国学校设置公民学课程的目的,是力图通过系统、相互衔接的课堂教学,培养认同美国民主价值和原则,具有知识、理性和参与意识,负责地参与政治和社会生活的公民。公民学课程的学习内容及其价值取向,反映了美国主流社会对"理想公民"的要求,承载了美国政治体系和政治权力的期望,是国家意识的体现。

但是,由于美国实行教育分权制度,各联邦州拥有并行使教育权,这样公民学课程的呈现形式具有多样性,课程名称有公民学、公民学与政府、政府与公民、政治科学和公民等;课程取向有社会中心、学科中心和学生发展中心等类型;各联邦州课程师资投入与课程重视情况也存在差异,这种多样性的课程实践为研究和分析课程内容中隐含的政治思想和政治价值观带来了难度。

20 世纪末,美国国家标准化运动倡导各学科应设立课程标准,为全国范围的课程实践提供指导性的内容框架。1994 年,美国颁布了历史上第一个公民学课程的指导文件——《公民学与政府国家标准》(National Standards for Civics and Government,以下简称《国家标准》),目的在于明确国家公民教育目标,建构在美国社会中有效公民应掌握的知识和技能。这既是联邦政府干预学校教育的体现,也反映了美国政治文化发展对学校公民教育的新要求。随后,联邦各州纷纷参照《国家标准》,结合地区实际情况,制定公民教育课程要求、大纲和标准,开发州级公民学课程。相对于内容多元、形式多样、操作多变的课程教学,公民学课程标准的文本形式具有相对稳定性,无论学校采取何种方式设置公民学课程,无论老师采用何种教学方法,都必须以所在地区公民学课程标准或大纲规定的教学内容为

---

① National Council for the Social Studies. Expectations of Excellence: Curriculum Standards for Social Studies [EB/OL]. Washington DC: NCSS Publication. http://www.ncss.org/standards1.1.html, 1994.

依据。所以,公民学的课程标准成为观察美国公民教育一个相对稳定、有效的视角。

美国公民学课程标准是界定公民教育课程性质、课程目标、课程内容和课程教学的指导性规定,描述了对不同年级的学生在公民教育领域应该获得成绩、行为和个人发展的要求,体现了美国主流政治文化对理想公民的期求与希冀,是研究美国学校公民教育基本特征和价值导向的重要依据。以公民学课程标准这一相对稳定、规范的文本为研究视角,既能有效规避由于教育分权制度和多样化的课程教学实践等因素给研究带来的不确定性,加深对公民学这一美国中小学教育体系中核心课程的认识,还有助于揭示公民教育目标的合法性、合目的性和合规律性,深化对公民教育实践活动规律的认识,从本质上把握课程所传播的主流意识形态。

二、研究目标

本书以辩证唯物主义和历史唯物主义为指导,基于政治文化的视角,以美国中小学公民学课程的产生和发展为历史背景,从"国家—联邦州"层面,逐层解读公民学课程标准,概括各课程标准所体现的统一的、公民基本的政治价值观,从本质上把握课程标准所传播的主流意识形态,深入认识美国公民教育目标的合法性根源,并引入案例具体分析不同标准间的差异以及差异生成的原因。简言之,研究对象是美国中小学公民教育课程标准,研究目的是立足课程标准,观察美国政治体系和政治权力极力倡导的主流意识,基于美国宪法和教育理论解析公民教育目标的合法性,以及公民教育的价值、方法和规律,力求对我国学校思想政治教育的课程建设提供有益参考。

基于此,研究目标可概括为:第一,梳理美国中小学公民学课程的历史演变,深入认识公民教育课程标准制定和颁布的政治社会背景,在解读课程标准所包含的公民教育目标、内容、方法等要素的基础上,概括课程标准所反映的美国民主政治所倡导的公民统一的、基本的政治价值观。第二,依据美国联邦宪法等法律规定和丰富的公民教育理论、流派,还原美国公民教育课程标准设计的理论依据,深刻认识美国公民教育目标的合法性根源,批判地辨析其所谓"价值中立"的实质。

三、研究意义

公民教育课程,是政治文化代际传播的载体,传播政治体系和政治权力主导的政治思想、政治观念、政治价值观和政治信仰。课程标准,是对学生在经过一段时间的学习后应该知道什么和能做什么的界定和表述,实际上反映了政治体系和政治权力对学生学习结果的期望。课程标准通常包括了几种具有内在关联的标准,主要有内容标准和表现标准。内容标准致力于划定学习领域,说明学生应该知道什么;表现标准致力于规定学生在某领域应达到的水平,即学生在某领域怎样做才会足够好。学校公民教育主要以课程为载体,是国家教授和传播政治文化的基本途径和方式,也是民主社会中实现政治社会化的有效途径和手段。学生在学校中接受公民教育的过程,就是学习公民知识,掌握公民技能,养成公民品性,认可、认同、内化政治体系和政治权力所倡导的政治文化,并积极参与国家政治和社会生活的过程。

因此,对美国公民学课程标准的研究,能更全面地了解美国学校公民教育课程,加深对美国公民教育基本规律和性质的认识。宏观上,将美国公民学课程标准置于政治文化变迁的视野中,从不同时期政治、经济和国际环境出发,分析公民教育课程标准产生的时代背景和动力,力图揭示公民教育课程标准是特定时期美国主流政治文化变迁和加强改进公民教育的产物;微观上,立足于美国联邦和各州教育类机构发布的公民教育课程标准文本,从性质、目标、主体架构、知识体系和核心内容等方面进行具体解析,力争全面、深入地挖掘公民学课程标准的内涵和功能。

同时,关于美国公民教育课程标准的研究,能从本质上把握课程所传播的主流意识形态,深入认识美国公民教育目标的合法性根源。一方面,本研究试图通过对美国国家和联邦各州公民教育课程标准地解读,观察美国社会公民统一的、基本的政治价值观和不同州存在的差异性;另一方面,在总结课程标准所倡导的统一价值观基础上,回溯课程设计的法律和理论依据,深入认识美国公民教育目标的合法性、合目的性与合规律性。

第二节 研究现状与综述

学校公民教育课程,作为青少年全面、系统习得公民知识、技能和品性的最主要载体,是一个基础理论比较成熟、实践成果颇丰的研究领域。美国是世界上最早在中小学设置社会科的国家,将公民教育通过一门名为"社会科"的综合课程体系,贯穿于学生从幼儿园到十二年级的每一学段。百余年来,美国积累了丰富的公民教育理论和实践经验。我国对美国公民教育课程的关注始于20世纪末,研究成果主要集中于近十余年,研究领域涉及公民教育课程历史、课程改革、课程内容等方面。基于研究公民教育课程标准的选题需要,选取公民教育课程发展史、公民教育基础理论、公民教育课程结构、公民教育课程实践和公民教育课程标准五个方面对研究现状进行梳理。

一、美国公民教育课程发展史研究

公民教育课程是特定历史时期国家培养公民需要的体现。在美国建国早期,公民教育通过笼统的宗教教育实现,教会开设宗教、历史和道德教育等课程。由于国家的教育分权制度,这一时期美国并没有全国性的公民教育课程,各州对相关课程的重视程度不一,教育水平也存在一定差异。20世纪前,历史课程是各州学校公民教育的唯一课程载体,承载着历史知识和价值观念传播的任务。某些地区会设置名称为"公民政府"或"美国政府机构"的学习模块,作为历史课程的附属课程存在,教授公民与政府知识。

戴维·沃伦·萨克斯(David Warren Saxe)所著的《学校中的社会科:早期历史研究》是关于该阶段公民教育课程研究的代表性著作。作者从历史视角将学校社会科课程划分为1880s-1910s,1910s-1950s,1950s中期-1970s中后期,1970s中后期至今四个阶段,并将重心置于1930s以前。他以1916年社会科体系的提出和推广为切入点,重点描述了传统历史课程形式,麦迪逊会议①(1892年),美国历史协会七人委员会②等机构改进公民教育大纲的历程,以及社会科体系出现的历史必然性等内容。1916年社会科体系的正式提出被美国学者公认为是当代公民教育课程发展研究的分水岭,它的出现标志着公民教育课程打破了单一历史课程模式,进入综合课程时代。

1916年社会科大纲中提议开设独立的公民学课程,与地理、历史等课程构成一个社会科学习体系,承担中小学的公民教育任务。1916年中等教育改革社会科委员会(Social Studies Committee)③改革报告的影响力一直持续到20世纪50年代新社会科运动时期。圣地亚哥大学罗纳德·伊万(Ronald W. Evan)所著的《美国学校改革的悲剧》与《美国学校改革的希望》两本书是公民教育课程历史研究的代表性成果。在著作中,作者系统论述了美国公民教育课程改革的历史,重点反思了20世纪中后期先后进行的"新社会科运动"④"回归基础运动"⑤和课程标准化运动⑥,分析了历次课程改革面临的困境,并指出课堂政治和社会科恒定的"语法"是阻碍改革并导致失败的主要阻力。罗纳德指出,起源于学校和课堂教学之外的改革动力,自上而下的改革模型,标准化测试⑦的压力,从根本上桎梏了课程改革。但是,改革中不同利益群体在辩论中对社会科课程结构进行了辨析,开发了大量课程方案,强调来自于社会科学的方法论,强调培养学生的创造性和发散的思维模式等,对公民教育课程的发展也做出了有益的探索。

---

① 麦迪逊会议于1892年在威斯康星州的麦迪逊召开,主题涉及历史、公民政府和政治经济,会议认为公民与政府、政治经济知识,特别是历史课程能为学生提供成为思维严谨公民所需的智力技能。

② 1896年,美国历史协会指定一个七人委员会负责为学校提供一套全面的历史课程。两年后,七人委员会发布了一个指导性的四年历史课程模型,内容涉及古代史、欧洲史、英国史、美国历史与政府等内容。

③ 中等教育改革社会科委员会,形成于1912年,致力于学校公民教育改革。

④ 新社会科运动,指发生在20世纪中期的一次公民教育课程改革。

⑤ 回到基础运动,指发生在20世纪七八十年代强调学科基础知识学习的一次社会科改革。

⑥ 课程标准化运动,指20世纪八九十年代为提高学校教学质量,大规模制定学科课程标准的教育改革。

⑦ 标准化测试,由美国教育进步评估中心组织,对选作样本的学生进行考核,旨在实现对学校、教师的控制和测评。

　　课程标准化运动是 20 世纪美国影响力最大的一次课程改革。20 世纪中后期，公民教育在美国基础教育阶段的重要性提高，课程经历了标准化改革，进入一个相对成熟的时代。霍华德·梅凌格（Howard D. Mehlinger）等人编辑的《社会科：国家教育研究协会 80 年代读本》是 20 世纪 80 年代比较有影响力的成果。此书介绍了 80 年代课程改革中不同利益群体间的三大分歧，即专家和普通大众，课改领导者和课堂教师，社会科专家和学院派学者之间的分歧，指出不同利益群体对社会科认识上的差异导致了社会科目标丰富和内容贫乏间的对立，呼吁整个社会重新审视社会科中价值指导的目标，建立新的学习范围和顺序，号召建立全国性的委员会，联合类似机构，进行公民教育社会科的改革。该书作者认为，政治意识形态决定了社会科的亮度，给予这个学科基础方向，学科内容和方法论则可以从理论上加强青少年政治社会化的可能性，美国经常试图将与民主相关的政治文化传递给青少年。课程标准化运动后，美国发布了《国家标准》《卓越的期望：国家社会科课程标准》等文件，以此规范基础教育阶段学校的课程，为课程教学提供指导性意见，这些文件奠定了现今美国公民教育课程的基础。

　　国内对美国公民教育课程历史的研究以文献传译为主，尤其注重二战以后的历次课程改革。首都师范大学赵亚夫教授的《美国学校社会科教育的诞生与发展》与上海师范大学李稚勇教授的《美国中小学社会科课程的百年之争》等文章围绕关于社会科性质、目标、结构等问题的争论，梳理了 20 世纪初以来美国社会科课程的发生和发展过程。华南师范大学王永红教授在《二战以来美国社会科的改革与发展》一文中，具体分析了新社会科运动、"情绪革命"、回到基础和国家标准化运动四次课改状况。李稚勇教授及其博士生任京民还著有《论美国社会科课程标准之修订——兼论美国社会科发展趋势》《美国社会科课程标准之变革》等文，对 20 世纪 90 年代的社会科课程状况进行评析。但相关研究均以历史梳理、笼统介绍为主，并未进行系统、深入的公民教育课程历史研究，对历次课程改革的评析点到为止，缺乏对公民教育课程改革和演化动力的系统分析。

二、美国公民教育基础理论研究

　　为了实现公民教育的科学性，美国学者从政治学、教育学、伦理学、社会学和心理学等诸多学科体系出发,从不同侧面探索资本主义政治道德意识发生和发展的规律,并把研究成果用于指导公民教育实践,形成了丰富的公民教育理论体系:如杜威的道德教育理论,柯尔伯格的道德发展阶段理论,拉斯等人的价值澄清理论,纽曼的社会行动模式,伊斯顿等人的政治社会化理论。

约翰·杜威(John Dewey,1859 - 1952)的道德教育理论。杜威强烈反对传统德育课中过分重视知识的传播和灌输,提倡个人在实际经验中获得道德观念和行为,即在"做中学"。他认为,从广义上说,生活就是教育。学校道德教育的目的是形成道德观念,培养"美国公民社会的公民"。学校道德教育的主要方法是组织学生直接参加社会活动,让学生在社会生活中受到应有的道德训练,并通过学校生活和各科教学进行间接的道德教育。他将实用主义哲学思想应用于公民教育领域,指导课程设计,认为教育是在经验的改造和构建中谋求成长和发展的过程,所以公民教育应依托社区重视公民参与等实践活动以提供获取经验的场所与途径。杜威的公民教育思想在20世纪初的进步主义运动中得到认可,影响着美国公民教育课程的改革和设计。

劳伦斯·科尔伯格(Lawrence Kohlberg,1927 - 1987)的道德发展阶段理论。柯尔伯格主张促进学生的认知发展,将人的道德判断与推理能力的发展划分为不同阶段。他认为,教育者若能引导学生在道德冲突的情境中进行道德判断练习,就能促进学生道德判断能力从低级向高级阶段发展,也就是说,不能通过直接的教导进行道德教育,也不能以教育者的权威进行观念灌输,而是应该根据人们所处发展阶段的特点,引导其进行道德判断,促进他们的道德发展。科尔伯格认为道德判断是道德行为的基础,揭示了社会规范内化为学生自身道德标准过程的规律。科尔伯格的教育思想被广泛应用于1979年詹姆斯·莱斯特(James Rest,1941 - 2002)设计的确定问题测验[①](Defining Issues Test,简称DIT)和许多其他道德测验中。

路易斯·拉斯(Louise Raths,1900 - 1978)的价值澄清理论。价值澄清理论最早作为一种教学方法出现于20世纪,60年代时逐渐成了一个德育学派。拉斯被

---

① 确定问题测验,科尔伯格的学生——美国明尼苏达大学詹姆斯·莱斯特教授设计的一个道德发展构建模型,1982年,该大学成立伦理发展研究中心作为这项测试的实施机构。

公认为这一理论的创建人,在他与西德尼·西蒙(Sidney B. Simon)等合著的《价值与教学》中,他批评了传统德育课中说教式教育方式,鼓励学生按照一种价值观,以合理的方式待人处世。他认为,在当代多元化社会中,不存在一套公认的道德原则或价值观,学校应帮助学生在混乱的价值观念中澄清自己的价值,而非教授所谓正确的价值观,从而引导学生调整和发展自身以适应社会,珍重自己的价值选择,付诸行动,走正确价值选择之路。1975 年胡佛研究中心的一项调查显示,数以千计学校的教学大纲都应用了此种方法,并指出有 10 个州(现已超过半数州)已正式把价值澄清理论作为道德教育规划的一个典范加以推广。

纽曼(Fred Newman,1935－2011)的社会行动模式理论。纽曼认为,道德教育重在培养学生社会行动的环境能力,即影响环境的行动能力,包括物质能力、人际能力和公民能力,它结合道德认知、情感和行动等方面,旨在教会学生如何影响公共政策,具有鲜明的行动取向。他认为,如果没有教会学生把自己的道德理想付诸实践,那么道德反思和道德讨论将永远是空中楼阁。他极力主张把有关公民行动的活动和道德推理、价值分析等内容结合起来,提出了学科教学与社区参与计划相结合的社区问题课程,要求学生既完成一定的课业,又主动介入社区生活,美国威斯康星州首先设置了该类社区问题课程。

戴维·伊斯顿(David Easton,1917－2014)等人的政治社会化理论。伊斯顿1958 年首次提出政治社会化理论的核心概念是"政治社会化",政治社会化是个人通过学习政治文化发展政治自我的过程,是人们获得政治倾向和行为模式的成长过程。他认为,"一个政治体系要得以维持,必须与它所处的社会环境进行必要的能量交换,这种能量交换在输入方面表现为求得社会成员对这一政治制度的普遍认同和支持。而这种对政治制度的普遍认同和支持正是通过政治社会化来获得的。"[①]政治社会化包括两方面:一方面,一定的政治体系对人们有着政治影响,传授政治文化,从这个角度看,政治社会化是社会对人们进行政治训练和教育的过程;另一方面,它是个人接受一定的政治文化并形成自己的政治意识和政治行为模式的过程,从这个角度看,它是个人的政治学习过程。

---

① ［美］戴维·伊斯顿. 儿童早期政治社会化过程——对民主参政概念的接受[J]. 国外政治学. 1985(2).

　　其中,前四种理论应用于包括公民教育在内的教育实践领域,政治社会化理论被比较集中地运用于美国公民教育研究中。政治社会化理论的提出,使美国公民教育的研究进入全盛时期。

　　国内关于公民教育理论的介绍散见于诸多论文中,东北师范大学孔锴的《试论杜威的公民教育思想》,哈尔滨师范大学陈桂香的《柯尔伯格的道德认知发展理论及其启示》,西华师范大学冯文全教授的《论拉斯的价值澄清德育思想及其启示》等文皆分别对某一教育理论产生的历史背景、主要观点、主要评价等内容进行概述,却未联系公民教育实践活动进行具体剖析,也缺少理论应用于学校公民教育课程设计的研究。北方工业大学杨倩的硕士论文《美国公民教育理论(2000 – 2010)研究》中,也仅对公民教育理论进行历史考察,概述近十年美国公民教育理论的主体内容,如多元文化教育、全球公民教育、公民参与等,对公民教育理论发展的内部驱动和价值取向等问题的探讨也不够深入。北京理工大学出版社出版的《美国青少年公民教育理论与实践研究》(王琪,2011 年)为国内少见的理论与实际相结合进行研究的成果,书中专门设置一章,从教育理论的基本内容和实践运用两方面,分别探讨了上述五种公民教育基础理论,认为它们为美国青少年公民教育的科学化奠定了理论基础,并且在很大程度上影响着公民教育的实践活动。

三、美国公民教育课程结构研究

　　为了使公民教育更加生活化、形象化,各国学者从不同角度剖析公民教育的内容,目前比较成熟且得到普遍认可的课程维度有五种。五种课程模式或课程分析框架并非独立,它们基于不同出发点和侧重点,试图从多维度解析公民教育课程,构建了公民教育课程模式和研究的多元视角。

　　威廉·斯坦利(William B. Stanley)和杰克·内尔森(Jack L. Nelson)在《历史背景下社会教育的基础》①中认为,从文化遗产传播和批判思维发展的角度,社会教育的课程和教学法有许多变化形式,这些变化形式可划分为以学科为中心

---

①　Rebecca A. Martusewicz. Znside/Out：Con femporany Cnhal Perspectives in Edncahom[M]. St Martins Press. 1994.

(Subject - centered)、以公民为中心(Civics - centered)、以社会问题(Issues - centered)为中心三种类型。以学科为中心指社会科的目标和内容源于高中阶段普遍教授的某些学科领域,如历史、社会科学等;以公民为中心指社会科关注个人态度和社会行为,它本质上注重良好品性、公民资质和公民能力;以社会问题为中心指个人和社会问题以及争论是社会科的主要内容。这种分类方法以价值取向为划分依据,却并未将公民教育作为分析政治文化协同演化的工具,过于侧重教育论本身。目前美国公民教育领域,国家和各州的社会科课程和公民学课程设计,均可划归此三种类别。

罗伯特·巴尔(Robert D. Barr)、詹姆斯·巴斯(James L. Barth)和萨缪尔·希瑞米斯(Samuel S. Shermis)在《定义社会科》①中认为,基于公民教育的目标、方法和内容,社会科课程具有三种基本传统:公民传承传统(Citizenship Transmission)、社会科学传统(Social Science)和实践反思传统(Reflective Inquiry)。公民传承传统于1936年由皮尔斯(Bessie Louise Pierce,1888 - 1974)提出,指美国民主和政治体制对青少年的期望,目标是特定的公民和价值观念被学习和接受,本质是指美国社会有一种希望学生能传承的公民观念,而且通过采用一系列方法以确保这些信仰传达给学生。社会科学传统在20世纪60年代新社会科运动时得到广泛认可,它采用人类学家、社会学家、政治科学家、历史学家等社会科学领域学者的探究法则,以历史为主线建构学科体系,让年轻人掌握成为有效公民所具备的社会科学学科知识、技能和策略。实践反思传统在1916年由全国教育协会社会科委员会首次提出,并对社会科的发展产生了巨大影响,它以在社会政治环境中做出决策为出发点和归属,培养学生通过思考问题,寻找答案,在美国自治、民主社会中批判思考和做出决策的能力。这三种社会科传统分别在美国不同历史阶段占据主导地位,并相互影响,相互渗透,交织形成现今社会科课程模式多样化发展的格局。

纽约大学杰克·泽伟(Jack Zevin)教授在《21世纪的社会科》②中提出,社会

① Robert D. Barr, James L. Barth, S. Samuel Shermis. Defining the Social Studies [M]. National Council for the Social Studies. 1977.
② Jack Zevin. Social Studies for the Twenty - First Century [M]. NY: Longman,1999.

科课程以功能取向为划分依据,可分为教导维度(the Didactic Dimension)、情感维度(the Affective Dimension)和反思维度(the Reflective Dimension)三种。教导维度以知识传承为导向,情感维度以伦理道德为导向,反思维度以问题的发现和解决为导向,注重批判思考和逻辑能力的培养。作者基于进步主义、实用主义、要素主义和重构主义等基础理论作为论证以支撑该种功能性分类,并认为公民教育的内容和方法论,都可从教导、情感和反思三个角度进行解析,该理论在 20 世纪 80 年代课程标准化运动中得到普遍认可,并用于指导公民教育全国性课程标准的制定。

英国学者戴维·科尔(David Kerr)在《公民教育:一项国际比较》①中,基于对 16 个国家和地区的调查,提出了"公民教育的连续体"(Continuum of Citizenship Education)分析框架,即公民教育的定义、方法等属性,按照所展示的强弱状态,构成一个从"低限解释"(Minimal Interpretation)到"高限解释"(Maximal Interpretation)的连续体。"低限解释"指传统正规的公民教育,以内容和知识为导向,通过教师和课堂为中心的说教方式,传授国家历史、地理、政府和宪法等知识,缺乏学生互动和主动性;"高限解释"则强调通过课堂内外活动,教师和学生间的交互式学习,传授新知的同时培养学生参与能力,并在自发学习的过程中形成态度、性情和价值观。科尔的观点试图忽略各国公民教育在名称、方法、特点等属性上的差异,而是通过设定上、下限值,及其演变的关联性,使各国公民教育均可在该框架中寻找到恰当定位值,这是公民教育比较研究中的一种普遍模式。

科尔在该报告中还指出,以公民教育的目标为划分依据,公民教育可划分为"关于公民资格的教育"(Education about Citizenship)、"通过公民资格的教育"(Education through Citizenship)和"为了公民资格的教育"(Education for Citizenship)三类。"关于公民资格的教育"旨在为学生提供理解国家历史、政治和政府生活所需的知识;"通过公民资格的教育"旨在要求学生通过积极参与学校和社区生活,强化所学知识;"为了公民资格的教育"包含以上两种教育目标,并在此基础上,为学生提供一系列知识与理解、技能与态度、价值与性情工具,使他们具备知

---

① David Kerr. Citizenship Education: an International Comparison [EB/OL]. http://www.inca.org.uk/pdf/citizenship_no_intro.pdf. 1999

性主动负责地参与成人生活的能力。

此外,美国学者约翰·考根(John J. Cogan)与英国学者雷·德锐科特(Ray Derricott)在《21 世纪的公民资格:教育的国际视角》①中立足于公民资格,将公民教育划分为个人维度、社会维度、空间维度和时间维度,提出多维度公民教育思想,注重公民教育中的价值教育、公民素养教育和环境教育,这一观点在公民教育比较研究中也获得一定支持。全球化的今天,世界公民身份出现、价值更加多元,尤其是在美国教育分权体制下,各课程模式和分析框架比较容易寻找到实践的土壤,这极大地推动了课程模式的多维度研究,形成了美国公民教育课程结构研究百花齐放的格局。

国内亦有学者关注到美国公民教育课程结构研究。上海师范大学李稚勇教授及其博士生任京民分别著有《社会中心·学科中心·学生发展中心——论美国社会科课程结构的多样化发展》和《中学社会科课程结构研究评析》,介绍了源于威廉·斯坦利和杰克·内尔森教育思想的美国公民教育课程结构划分及特点,并结合我国实际情况,认为 20 世纪 90 年代初上海和浙江两省市的中学社会课程属于"学科综合为中心"的课程结构,21 世纪初上海中小学的社会科学学习领域则属于"社会问题为中心"的结构模式,这为我国学习、批判地借鉴国外课程结构和课程模式提供了参考基础。孔锴的博士论文《美国公民教育模式研究》以美国历史的发展为脉络,从社会背景、基本理念、实施策略三个维度,解析了在不同历史时期占据主要地位的公民性传承模式、社会科学模式、反省思维模式与社会行动模式,试图寻找美国公民教育模式研究中的共性问题和有益经验为我国所用。总体看来,我国对美国课程结构或课程模式的研究多从国别比较的角度展开,维度较少,视角教窄,以理论介绍为主,缺乏多元、系统的课程结构研究成果与实践土壤。

四、美国公民教育课程实践研究

美国公民教育课程实践的研究主要围绕公民认知、公民道德和公民参与三个

① John J Cogan, Ray Derricott. Citizenship for the 21th Century: An International Perspective on Education [M]. Kogan Page Limited. 1998.

主题。公民认知与公民道德属于基础性实践研究,公民参与研究随着全球化时代对公民参与能力要求的提高而成为学术热点,近二十年成果大量涌现。

在公民认知领域,美国心理学家、教育家杰罗姆·布鲁纳(Jerome Seymour Bruner,1915-2016)基于对认知过程的大量研究,将心理学原理实践于教育学领域,提出结构主义教学论,认为学习由习得(Acquisition)、转换(Transformation)和评价(Evaluation)三个几乎同时发生的过程完成,通过探索性的学习过程和直觉思维,掌握学科基本知识,从而构建自己的认知结构。美国学者布卢姆(B. S. Bloom,1913-1999)将认知目标分为指导、理解、应用、分析、综合和评价六个层次,后在《教育目标分类法手册一:认知领域》①一书中被学者概括为从具体到抽象的事实、概念、程序和元认知四种知识以及从低级到高级的六个认知过程,将教育的知识维度和认知过程相结合。在书籍《定义社会科》中,罗伯特·巴尔和詹姆斯·巴斯基于结构功能主义理论,将社会科课程描述为一张由认知概念结成的网,在价值多元的美国,从不同价值取向出发会形成对社会科课程属性的不同认知,这种观点注重在认知的基础上培养学生的概念认知能力。

在公民道德领域,密苏里大学圣路易斯分校的马尔文·伯格维茨(Marvin W. Berkowitz)在《道德教育:理论和实践》②一书中,提出有效品格教育的7种方法:(1)在学校日常生活中注重构建孩子与成人,以及同伴间的相互尊重和支持;(2)成人要在孩子面前保持谨慎的行为;(3)清楚地认识到学校的成员都应具有良好品格;(4)倡导那些需要在实践中内化的品格;(5)为学生创造实践"好品格"的机会,好的品格包括多维度的判断力、批判性思维、协调能力和自我管理能力等;(6)营造学生可以"思考、争论和反思道德议题"的气氛;(7)加强学校和家长之间的合作关系。劳伦斯·科尔伯格(Lawrence Kohlberg)提出道德发展阶段理论,认为公民良好品格的培养是学校道德教育的基础,这一观点在20世纪80年代新品格

① Bloom B. S. Taxonomy of Educational Objectives: The Classification of Educational Goals[M]. New York: David McKay Co. Inc. 1956.

② Marvin W. Berkowitz, Fritz Oser. Moral Education: Theory and Application[M]. L. Erlbaum Associates. 1985.

教育运动(New Character Education Movement)①中受到广泛认可,并有大量成果涌现,如托马斯·李考纳(Thomas Lickona)的《品格教育:我们的学校应该怎样教授尊重和责任》《品格发展与行为》,伊芙琳·奥登(Evelyn Holt Otten)的《品格教育》,奎因·皮尔森(Quinn M. Pearson)的《小学的品格教育:管理者、教师和导师的策略》等诸多书籍与论文。

在公民参与领域,20世纪末公民社会意识缺乏和政治冷漠现象,使美国政府重视参与型公民的培养,公民参与意识与能力的培养成为公民教育课程的核心目标之一。在1994年公布的《国家标准》中,参与技能被界定为公民负责、有效参与社会和政治生活所需具备的技能,注重学生相互合作的能力、监督和关注的能力、影响政治和政府的能力三方面技能的培养。美国公民学习和参与信息研究中心②(Center for Information and Research on Civic Learning and Engagement)在2003年发布的《学校的公民任务》报告中,总结了学校应提供的六种发展公民能力的方法,分别为美国政府、历史和民主的课堂教学,将国际、国家和地方的社会事件融入课堂讨论,与课堂教学紧密相连的社区服务,参与学校和社区的课外活动,鼓励学生参与学校管理,鼓励学生参与民主进程的课堂模拟活动。此外,美国公民教育中心(Center for Civic Education,简称CCE)③、全国社会科委员会等社会性公民教育机构,每年都会组织大量公民教育实践项目,如《我们的人民:公民养成项目》《美国的代议制民主》和《学校暴力防治项目》,吸引数以万计的学生参与其中。

国内对美国公民教育实践的研究侧重公民道德和公民参与领域。对美国公民道德教育的研究以专著翻译为主,如施李华翻译的《培养品格:让孩子呈现最好的一面》解析了品格教育的内涵和十大基本品质;刘冰翻译的《美式课堂——品质教育学校方略》阐述了品格教育的作用和良好品格的构成要素。此外,国内也出现了诸多关于道德教育和品格教育的书籍和论文,如戚万学的《道德教育新视野》

---

① 新品格教育运动,指兴起于20世纪80年代,以传统品格教育为基础充分吸收不同学者的道德教育观点,以"实践"为重要特征的中小学道德教育理论和实践模式。

② 美国公民学习和参与信息研究中心,成立于2001年,致力于针对学校公民教育、青年美国人的投票与政治参与、激进主义等公民参与形式开展研究,该中心的研究报告被学术书籍和国家新闻媒体广泛引用。

③ 美国公民教育中心成立于1965年,是美国最大的非营利、非党派性质的公民教育机构。

收录了关于道德教育模式和教育理论的 12 篇文章;武汉大学田贵华的硕士论文《美国学校品格教育研究》,河北大学成少钧的硕士论文《美国中小学品格教育研究》等,对美国学校的品格教育进行了比较详尽的描述。这类研究以对国外研究的介绍和经验学习为主,注重对我国课程开发的借鉴性研究。

我国新课改的推进使美国公民参与教育的研究成为国内学术热点问题。国内研究普遍认为,公民参与是美国公民教育课程的核心理念和培养目标之一,促进公民参与的服务学习理论和参与型公民学习受到国内学者广泛关注。东北师范大学郝运的博士论文《美国高校服务学习研究》和赵明玉的硕士论文《公民教育视阈中的美国服务学习研究》,以及《美国服务学习实践及研究综述》《美国服务学习理论概述》等论文,全方位地介绍了美国学校服务学习的理论与实践。我国对公民参与的研究侧重于对美国公民参与意识和能力的培养以及公民实践项目的介绍两方面,《美国当代公民教育的基本理念:责任、参与、全球意识》一文分析了美国负责任的积极参与型公民的培养内容,《面向未来公民的养成——美国公民教育实践略记》等赴美考察所著的文章和报告亦提到美国种类多样、参与人数众多的公民参与实践项目。美国公民教育中心也与国内江苏、山东等省合作开展面向一定受众的公民教育实践活动。总体而言,国内对美国公民教育课程实践的研究以理论介绍、实地考察、规律探索和经验总结为主,力求批判地借鉴国外的课程实践经验为我国课程改革所用。但是,我国的课程实践研究注重表层的实践方式和实践项目介绍,而非深层的指导理论、演化动力等研究。由于公民教育课程实践水平不同,只有在立足于美国国情的基础上探索其课程实践理论和方式,吸取经验教训,才能寻找到共性为我国思想政治教育实践提供有益借鉴。

五、美国公民教育课程标准研究

美国宪法规定了地方政府拥有教育自主权,可自主设计各州各地区的公民教育课程,但却没有全国强制实施的课程标准。教育标准化运动中,美国学者对国家标准存在的必要性,以及发行的可能性进行了激烈讨论。20 世纪末,美国政府以《2000 年目标：美国教育法》（Goals 2000：Educate America Act, 1994）①等法律形式明确了国家的公民教育目标。随后，在联邦政府主导下，主要公民教育社会机构具体负责，全社会广泛参与，制定并发行了《国家标准》《卓越的期望：社会科课程标准》《国家历史课程标准》等国家公民教育课程标准，用以规范课程内容，指导全国范围的课程实施。

　　政府教育部门，公民教育机构和学者跟进国家课程标准的实施情况，并进行广泛讨论，形成了课程标准研究热潮。琼·查宾（June R. Chapin）的《中学社会科实用指南》一书专注于中学社会科教学中的核心主题，为教师的有效教学提供参考；玛丽·哈斯（Mary E. Haas）和玛格丽特·劳克林（Margaret A. Laughlin）编辑的《满足标准：幼儿园到六年级的社会科阅读》一书中，围绕公民意识和实践、全球关联、课程教学、社会科课程整合、合作性学习等内容，具体地描述了美国低年级学生的学习要求。《社会教育》（Social Education）②，《政治科学与政治学》（Political Science and Politics）③等期刊也刊登了大量关于国家标准的文章，讨论国家标准颁布的意义，实施的可能性，对课程教学的作用，国家标准框架的科学性等问题。全美社会科协会在年会中设置特定主题，讨论国家标准的实施，聆听教师反馈。美国公民教育中心定期组织教师培训以推进新标准为公众所认可。

　　在课程标准研究浪潮中，各州教育机构也积极跟进，参考国家标准及其实施，研究适合州级别的课程标准。1995 年阿拉斯加州颁布《社会科框架》（Social Studies Framework），围绕政府/公民、地理和历史三个核心学科规范公民教育的学习内容和框架；1996 年，纽约州颁布《社会科学习标准》（Learning Standards for Social Studies），从历史、地理、经济、政府、公民学五个内容领域，制定公民教育实施方案；1998 年，加利福尼亚州发布《加州公立学校历史——社会科学内容标准》（History－Social Science Content Standards for California Public Schools），以社会科学模式为组织脉络，规定其公民教育学习内容。截至目前，全美 50 个州以及哥伦比亚

①　该法案于 1993 年由克林顿政府提出，作为法案提请国会两院审议，于 1994 年正式通过，支持以课程标准为基础的教育改革。

②　《社会教育》期刊是目前美国社会科委员会旗下最重要的刊物。

③　《政治科学与政治》创刊于 1968 年，是美国政治科学协会旗下刊物。

特区均颁布了各州公民教育课程标准。许多州还根据课程标准的实施和反馈进行了文本的反复修订,如加州分别于 2005 年、2010 年和 2016 年进行了三次标准修订,北达科他州在继 2000 年和 2001 年先后颁布社会科"内容标准"和"绩效标准"后,分别于 2004 年和 2007 年对标准再次修订。现今,美国各州公民教育课程标准,已基本上形成以社会科体系作为幼儿园到十二年级实施公民教育的课程载体,以公民学、历史、地理和经济四门学科作为核心课程进行教学的课程实施模式。

　　我国对美国公民教育课程标准的关注始于近几年,并未出现专著性成果,但这种研究已散见于各类博士、硕士论文和其他学术成果中,而且已经出现了上海师范大学李稚勇及其学生任京民、首都师范大学赵亚夫和东北师范大学研究团队等有代表性的研究学者和团体。上海师范大学李稚勇教授对美国社会科和单科历史课程给予了关注,发表了《美国社会科课程标准之修订——兼论美国社会科发展趋势》《美国历史科国家课程标准论析》《中美社会科课程标准比较研究上、下》等多篇文章,从宏观角度剖析了美国社会科和历史课程标准的内容、结构,并进行国别比较研究。任京民老师也针对社会科课程标准、课程结构和有效教学等问题进行探讨,其博士论文《社会科课程综合化的意蕴与追求》系统分析了社会科课程结构的理论基础、特性、模式、现状并进行中美社会科结构对比。首都师范大学赵亚夫教授的成果也体现在对美国社会科和历史课程标准的关注,他于 2010年发表了《从课程标准看美国的公民教育架构——以科罗拉多州为例》一文,试图以科罗拉多州的公民学课程标准为观测点,解析美国公民教育结构。与此类似的文章还有浙江教育学院陈新民老师的《美国加利福尼亚州历史——社会科学课程评介》,关注加州历史—社会科学课程的背景、发展、目标体系和设计,这两篇为国内少见的关注州级公民教育标准的学术论文。

　　总体而言,我国对国外公民教育课程标准的研究注重宏观层面的国家标准,较少关注微观更具操作性的州一级别标准;注重抽象的社会科标准体系研究,而忽视具体的单科公民学课程标准研究;注重立足标准文本进行因素分析,缺乏对课程标准理论、法律依据、演化动力、学校课堂实践的具体研究。

第三节 研究方案与创新

一、研究方案

按照美国一般意义上的研究归类,社会科研究通常包括历史和理论研究、教学研究、课程研究、学习研究、学校环境研究、新思想的传播研究。在六种类别中,历史和理论研究是其他五种研究的核心和基础,研究通常以文件、规定、书籍等相对静态的资料为对象,体现公民学课程的应然状态,最接近主流社会的设想,本书中关于课程标准的研究,严格意义上归属此类。

因此,对美国公民教育课程标准的研究,首先以中小学公民学课程为切入点,通过其课程形式和历史地位在不同政治文化环境中的变化,阐述公民教育课程和政治文化间的相互建构和协同发展;其次围绕公民教育课程标准进行文本分析,追溯课程标准的法律依据和理论渊源,寻找其所体现的美国政治体系和政治权力对公民的希望、预期和诉求;最后在分析公民教育课程标准的理论来源、设计思路、内容体系、体现的价值、实践因素等要素的基础上,批判地思考它对我国思想政治教育具有怎样的启示与借鉴。

基于这一思路,本书共分为七章,具体内容概括如下。

第一章为绪论部分。主要就政治文化视野下美国公民教育课程研究选择公民学课程为切入点这一选题的缘由、研究意义、国内外研究进展进行阐述,并在核心概念梳理与界定的基础上确定研究的方案与思路。

第二章梳理美国中小学公民教育课程的历史沿革,经由公民学课程发展的历史与公民学课程地位的变化两条线索展开。第一条线索以时间为顺序,选取对公民学课程发展最具影响的四个时间节点,叙述了公民学课程从兴起、遭遇困境到蜕变发展的嬗变过程。在20世纪初中等教育改革以前,公民学很少以课程形态存在,大多以"公民科""公民政府"等学习模块呈现。1916年《中等教育中的社会科》报告打破了这一局面,正式将公民学确定为中小学的正式课程。而后两次世界大战使公民学课程的发展屡遭波折,20世纪中叶新社会科运动的失败更使该课程及其价值备受质疑。20世纪80年代,《国家处于危险之中》这一报告对国家教育进行了全面反思,引发了教育基础化运动,美国政府强势干预学校教育,公民学课程开始了全新蜕变,公民教育课程标准出现。21世纪初,《不让一个孩子掉队》法案为学校课程发展带来了新的机遇,奠定了现有公民教育课程的立法基础。第二条线索立足于公民学课程的历史发展,分析了公民学课程从仅仅作为附属于历史课程的公民教育模块,发展为社会科体系中一门独立课程,再从社会科体系中一门非核心课程,发展为核心课程这一变化过程及其原因。不同政治社会背景下公民教育课程核心内容和历史地位的变化,既凸显了公民教育课程是政治文化传承的方式,又体现了该课程以主流政治意识需要为出发点培养公民的性质。

　　第三章阐述美国公民教育课程标准的产生及法律与理论基础。在实施教育分权的美国,州政府拥有中小学教育管辖权,国家层面公民教育课程标准的出现源于国家对教育的干预,它是国家社会经济发展需要与基础教育领域课程改革的必然结果,得到了国家政策和社会性教育机构的大力支持。由于不同时期对美国宪法的不同理解,美国中小学课程的管理权经历了州政府全权管理到国家干预的过渡。法律基础部分从美国宪法及其修正案、教育法令法规和判例法三个方面解析了现有公民教育课程国家标准形成的法律依据。美国拥有丰富的公民教育思想理论,为了理解课程标准的教育目标和核心内容,理论渊源部分分析了对现有公民教育课程内容产生了较大影响的欧洲古典哲学思想、公民资格理论和政治社会化理论,这些思想理论根植于特定的政治文化土壤中。在建国初期,美国公民教育基本上延续欧洲传统,之后逐步与美国教育实际相结合,教育理论借鉴与本土化发展并重。对课程标准颁布背景、法律和理论基础的梳理,有利于了解公民教育课程标准和公民教育目标的合法性、合规律性与合目的性根源。

　　第四章解析美国公民教育课程国家标准的核心内容。在介绍课程标准的主体架构和公民知识、公民技能、公民品性三大基本构成内容的基础上,以Antconc语料库软件为工具,采用类别检索、上下文关键词分类和批判性话语分析三种方法,对《国家标准》文本进行解析。解析范围涉及表达公民知识要求的名词、与公民技能相关的动词和与标准制定者意图相关的情态动词。通过数据处理和话语分析,公民学课程国家标准的核心内容可以概括为四部分:与政府和国家相关的知识,与宪法和宪政相关的知识,与公民相关的知识,与价值观、原则、信仰和品性相关的知识。最后,文章从体系设计、结构布局、内容框架和意识形态四个方面总结了课程标准的特色。通过对课程标准核心内容的梳理,能更清晰地认识美国政治体系和政治权力对青少年公民教育的要求,有助于辨析核心内容的内在要求和话语中隐藏的意识形态倾向。

第五章分析美国各州公民教育课程标准。公民学课程的国家标准不仅对课程学习内容提出了指导性框架,也为联邦各州课程标准的制定提供了依据。本章在宏观上介绍了联邦 50 个州和哥伦比亚特区课程标准的主要内容、呈现形式和特征等基本状况;微观上选取了纽约州"社会科学习标准"之公民学、公民资格与公民政府,加利福尼亚州"历史—社会科学内容标准"之公民学两份课程标准为案例,具体剖析了州课程标准的核心内容,概括了公民教育课程标准在内容上的差异性与一致性。通过国家和联邦州之间课程标准的对比,不同州之间课程标准的对比,发现公民教育课程标准是以《国家标准》的内容框架为指导,以各州课程的具体实施为依据,兼顾地方特色而形成的。虽然课程标准的形式多样、数量庞大,但其实质上具有内在一致性,其统一于美国主流社会所倡导的政治思想和政治价值。

第六章跟踪公民教育课程标准的应用,涉及《国家标准》、联邦州标准、教科书、学科测评框架、学校教师和公民教育机构。公民教育课程标准是教育部门研发、制定、采纳或认可,用于指导一定区域和范围内公民教育课程教学的公开发行文件,它明确了课程的教学目标和框架,为学生学习成绩比较和课程评估提供依据。课程标准功能的发挥需要依靠教科书、学业测评框架等载体的辅助作用,通过学校教师、公民教育机构等主体的努力来实现。教科书是具体化和鲜活的课程标准,将课程框架解构为易懂的学习单元;课程评价体系可以反映学生的学习成果,是课程教学的反馈指标;教师是课程标准的"代言人",是课程标准与学生之间的沟通桥梁;公民教育机构作为社会性资源,在课程标准的研发与修改、教师培训、学生互动等方面具有不可忽视的作用。

第七章思考美国公民教育课程标准对我国学校思想政治教育的启示。本章基于我国基础教育阶段品德教育和思想政治教育相关课程的基本情况,思考美国公民教育课程标准研究对我国的启示和借鉴作用,认为只有立足于我国社会政治经济发展实际,遵循客观的发展规律和国家需求,构建以公民意识为中心的连贯的从小学到大学,系统的公民知识、公民技能和公民品性三位一体的课程体系,加强思想政治教育社会性资源培育,修订并完善课程的评价体系,吸引社会各界广泛的关注和参与,才能实现思想政治教育课程功能的最优化,这也是我国课程改革应该努力的方向。

二、研究方法

根据研究方案需要,本书运用了历史分析法、语篇分析法、理论思辨法、诠释学方法、观察体验法和比较分析法等具体研究方法。

第一,历史分析法。客观事物是不断发展、变化的,只有从发展、变化的视角出发,具体地看待和分析社会现象,才能追溯现象的根源,辨证地分析事物的基本矛盾,加深对研究对象的认识。本研究采用历史分析方法对美国公民教育课程标准制定和颁布的政治社会背景、教育背景、政策背景和社会实践背景进行分析,立足于公民教育课程在美国历史发展各阶段的具体实施,深入认识美国国家和各州公民教育课程标准的性质和作用。

第二,语篇分析法。语篇分析是指对以句子为单位的语言段落、篇章和文本进行语言分析,旨在寻找和归纳带有相似语境的语句和段落。语篇分析法常用于解构篇章结构、要素,重点在于基于词汇和句子的篇章语境和意义分析。本书对《公民学与政府国家标准》、纽约州"社会科学习标准"之公民学、公民资格与公民政府、加利福尼亚州"历史—社会科学内容标准"之公民学三份课程标准文本的分析均采用语篇分析法。

第三,理论思辨法。思辨,哲学上指运用逻辑思维进行纯粹概念和理论的思考,与基于经验的思考相对,出现于逻辑思维的形成过程中,是一种不依赖于现有社会实践的纯粹思维和逻辑推理方法。本书不依赖于现有的美国公民教育活动和手段等具体实践,而是试图从公民教育课程标准所要求学生掌握的公民知识、公民技能和公民品性中,抽象并概括出课程所体现的核心内容与主旨,辨析公民教育课程设计的理论依据和美国民主政治体系对理想公民的希望、预期和诉求。

第四，诠释学方法。人文社会科学研究在本质上被认为是一种诠释活动，有效的诠释活动被认为是一种情境化和创造性的诠释。情境化的诠释指基于话语环境，通过相互关联的语义辨析，建构一种清晰的意义架构；创造性的诠释是指在追溯话语生成背景的基础上，用当代社会的视角和价值，批判和反思文本诠释的缺失。本书中对公民教育课程标准、大纲和指导性文本设计理论依据的还原，属于情境化的诠释；而对标准所包含的公民教育核心内容和主旨的归纳，则属于创造性的诠释。

第五，观察体验法。观察与体验是研究中搜集一手资料的基础方法。特别是在比较教育研究中，研究者主要通过浏览网站新闻与信息、阅读其他学者的文章和书籍、与他人交流等方式了解国外教育资讯，获取"二手"资料。但由于受到知识结构、年龄层次、经济水平等因素影响，人们观察问题的出发点与感受有所区别，这为客观的开展研究带来困难。作者在做访问学者期间，曾赴美国进行为期六个月的研修，使用观察体验法获取一手资料，在中小学参与课堂教学，与学校管理者、公民学与历史课程的任课教师、学生家长等群体就公民教育课程标准与课程教学实践等问题进行交流，开展调研。

第六，比较分析法。比较分析法，也称对比法，是公民教育比较研究中普遍使用的研究方法之一。它常将两个或两个以上国家的公民教育理论与实践加以比较，分析不同国家和不同社会制度中公民教育实践活动的特殊性，总结公民教育作为一种教育手段和教育活动，超越国别的一般特征。本书中比较研究法的应用主要体现在最后一部分的批判和借鉴研究。研究公民教育课程标准的主要内容和理论依据，及其反映的美国社会主流意识形态，根本目标是在认识规律的基础上进行比较借鉴，为我国学校的思想政治教育课程改革和教学提供有益参考。

三、研究创新点

目前国内关于美国公民教育的研究取得了颇多成果，已形成了对美国公民教育体制、公民教育理论、公民教育课程等情况的初步认识。但是，由于受到美国教育分权体制的影响，国内对美国中小学公民教育课程的研究大多从宏观和整体视角出发。美国是一个教育分权的国家,各州拥有相对独立的教育权,学校的课程实践更是具有多样性的特征。在研究中小学公民教育课程时,尤其是课程实践中,国家的某一规定或者某一州的具体情况并不能代表整个国家的共性。而且,国内对美国公民教育理论,如政治社会化理论、价值澄清理论的研究大多以介绍和评述为主,对美国公民教育理论怎样应用于指导课程设计的研究成果较少,且较集中于公民参与领域。国别比较研究存在获取一手资料难,教育情境体验缺乏等困难,研究工作往往局限于现有研究资料。随着国家间学术交流的频繁,地域因素给国别研究带来的困难正在逐渐缩小,全方位、成体系的美国公民教育研究必将会为我们了解美国政治文化和政治体系提供参考。

　　本书的研究将公民教育课程标准作为研究对象,致力于分析美国国家和各州公民教育课程标准所反映的美国社会公民基本的政治价值观,通过追溯和分析课程设计的法律和理论依据探析美国公民教育的合法性根源。

　　第一,在推进课程改革的浪潮下,国内对美国综合化公民教育课程体系——社会科的关注增加。但针对社会科课程体系中核心学科——公民学的关注极少。以公民学课程为切入点,追溯公民教育课程发展的历史和动力,探析课程的理论根源,挖掘课程所体现的公民的基本政治价值观,可以丰富并加深对美国公民教育课程本质的认识。

　　第二,立足于课程标准文本开展研究,可以最大限度地规避美国各州课程标准、教学内容的多样性和复杂性给研究带来的困难,从课程的应然状态思考课程标准所蕴含的政治意识,思考课程标准核心内容与主流意识形态及政治文化的关系。

　　第三,方法的创新。本研究将英语语言学中的 Antconc 软件与语篇分析法相结合,立足于语言文本本身对公民学课程标准的内容进行解构与重新建构,利用观察体验法将联邦和州课程标准与学区的课程教学相结合,尽可能减少论文的主观倾向性,客观的呈现美国公民教育课程标准的核心内容与具体应用。

第四节 概念梳理与界定

为明确本研究所指的公民教育课程标准的内涵,以下对"社会科""公民学"
"课程标准""政治文化与政治社会化"四个关键词进行逐一梳理。

一、社会科

社会科(Social Studies 或 Social Study),也称社会研究、社会课、社会学习、社
会科学等。国内将其定义为"一门进行公民教育的综合文科课程,其价值在于整
合历史、人文、地理以及其他人文社会科学的相关知识与技能,培养现代公民应具
有的人文素质和社会责任感"①。

在美国,社会科是美国中小学阶段普遍开设的公民教育课程,前身是社会教
育(Social Education)。首次在学校教育课程体系中使用社会科一词的是托马斯·
杰西·琼斯(Thomas Jesse Jones,1873 – 1950)。1905 年,琼斯率先撰文使用了"社
会科"的概念,后经过进一步完善和拓展,写成了《汉普顿课程中的社会科》一书。
1916 年,全国教育协会(National Education Association, 简称 NEA)②社会科委员会
对社会科进行解读,首次在中学设立了名为"社会科"的课程体系,作为学校公民
教育的主要渠道。1921 年,美国全国社会科协会(National Council for the Social
Studies)成立,致力于美国学校的社会科教育,从此社会科在美国进入新的发展
阶段。

目前被广泛认可的社会科概念由全国社会科协会提出,"社会科是以提升公
民能力为目标的社会科学和人文科学的综合性学习。学校课程中,社会科从多种
学科领域汲取内容从而提供一种协作、系统的学习,这些学科包括人类学、考古
学、经济、地理、历史、法律、哲学、政治科学、心理学、宗教、社会学,以及人类学、数

---

① 教育部基础教育司. 历史与社会课程标准解读[M]. 北京:北京师范大学出版社,2002:3.
② 全国教育协会,致力于促进公共交易事业,在美国每个州和超过 14000 个社区都设置有附
   属机构。

学和自然科学的适当内容。社会科的主要目标是帮助青少年(学生)在相互依存的世界中成长为民主、多元社会的合格公民,具备为公共利益做出明智而合理决策的能力"。①

1994年,美国社会科协会颁布《卓越的期望:国家社会科课程标准》,以文化,时间、连续与变迁,人、地与环境,个人发展与认同,个人、团体与机构,权力、权威与管理,生产、分配与消费,科学、技术与社会,全球联系和公民意识与时间为十大主题构建社会科体系基本框架。目前,在全美各教育组织和机构颁布的社会科课程大纲或课程标准中,大部分州都以公民学、历史、地理、经济作为核心学科,来构建整个社会科体系。美国社会科协会将社会科和其他具体、独立学科的关系形象化为一个"交响乐模式":一个管弦乐队(社会科课程)要演奏一首特定乐曲(课程体系中的某一水平或某一学科课程),有时,某种乐器(某门学科,如历史)为领奏,其他乐器(比如地理、经济)为伴奏;有时,几种乐器(历史、地理等)或所有乐器都共同合作来演绎作曲者的主题。表演的质量取决于作曲者的创作(社会科课程的设计)、乐器自身的独特音色(单一学科的贡献)、配套的音响(课程开发者和教师的专业水平、学校设备和教学资源)、演奏者和指挥者对乐曲(课程)内涵表达的技巧。②

通过这种方式,社会科立足于公民学、历史、地理、经济四大核心学科,以高度概括的研修主题为线索,将与学生息息相关的人文社会科学领域知识协调整合为一套跨学科、多领域的伞状综合学习体系。在整个体系中,公民学课程能帮助学生认同美国民主的基本价值观和原则,知性和负责地参与政治生活,在社会科中的地位不容忽视。

二、公民学

"公民学"一词源于古拉丁词"civicus",意为"与公民相关的"。公民学产生于

---

① 该概念于1992年被社会科协会采用,出版物发行于1994年。National Council for The Social Studies. Expectations of Excellence: Curriculum Standards for Social Studies [R]. Washington D. C.: NCSS Publication, 1994:3.

② National Council for The Social Studies. Expectations of Excellence: Curriculum Standards for Social Studies [R]. Washington D. C.: NCSS Publication, 1994:16-17.

公元前五世纪的古希腊时期,目前已发展为一门规范公民行为,为社会塑造良好公民的学科,包括公民经济、公民政治、公民道德、公民文化等方面的内容。由于不同国家的历史渊源、社会制度、阶级属性、经济发展等方面存在差异,每个国家对良好公民的要求不尽相同,所以各个国家对公民学课程的定义有所区别。在澳大利亚,公民学被广义地定义为对与社会机构和社会工作相关知识和技能的理解,包含澳大利亚联邦政府体系,政治和社会遗产,民主进程,公共管理和司法体系,还包括地方、州、国家、区域和国际视野。① 美国新闻学会则认为公民学是一门与每个人生活息息相关的学科,它教授学生成为社区中积极公民的价值,参与政治和帮助选择国家、州和地方领导人的重要性,法律怎样形成社会并保护个人,政府授予的权利伴随着相应的义务。② 我国学者秦树理则认为,"公民学实际上是研究公民社会生活的科学,涉及公民身份的确定、公民所享有的权利和公民身份环境即政体的研究。公民学到后期,特别是从欧洲传播开之后,欧美一些国家在研究公民学的同时,也研究政府学。"③

在美国,公民学课程最早可追溯到1790年前后在部分中小学中开设的"公民科"课程。该课程致力于增加学生对美国政治制度和国家理念的理解,培养学生的爱国精神。20世纪初,美国学校大范围开设公民学课程时对这一名词进行了如下界定:公民学是对公民身份的历史和实践,权利与义务,公民作为特定政治实体成员对其他成员和政府应尽义务的学习。④ 具体到全美各州描述公民学这一科目的教学内容时,亚拉巴马州使用政治科学,阿拉斯加州使用政府/公民身份,亚利桑那州使用公民学/政府,科罗拉多州使用公民学,康涅狄格州使用公民学与政府

---

① 引自澳大利亚课程、评估和报告当局发布的《公民学与公民资格:澳大利亚课程的形式》,参见 The Shape of the Australian Curriculum: Civics and Citizenship [EB/OL]. http://www. acara. edu. au/verve/_resources/Shape_of_the_Australian_Curriculum__Civics_and_Citizenship_251012. pdf. 2012.

② 参见美国报业协会基金会网站资料 http://nieonline. com/detroit/members/civics_flip_book. pdf

③ 秦树理. 西方公民学[M]. (公民教育研究丛书)郑州大学出版社,2008:3.

④ Frederick Converse Beach, George Edwin Rines. The Americana: a universal reference library, comprising the arts and sciences, literature, history, biography, geography, commerce, etc., of the world, Volume 5[M]. Scientific American compiling department. 1912:1.

来进行具体概括;在课程设置上,各个学校的实际操作更加多样,譬如爱达荷州的美国政府课程,密歇根州的公民学课程,明尼苏达州的政府与公民资格课程。但是,不论各州、各学校怎样具体安排课程教学、设置课程名称,都必须以各州教育机构发布的课程标准为依据。

公民学与社会科,同样作为学校公民教育的载体,最根本的区别在于公民学是具体学科,而社会科是课程体系。美国全国社会科协会将社会科与公民学的关系比喻为一个交响乐团和某一门乐器的关系,我国的许多学者将社会科看成公民学、历史、地理等诸多学科构成的伞状课程体系。二者虽有不同,却共同承载着基础教育阶段美国学校公民教育的使命。社会科笼统的包括成为良好美国公民应具备的知识、技能和品性,而公民学课程则具体说明在公民学与政府领域,作为一名好公民应该知道什么,应该做什么,应该怎样付出努力以达到要求。本书谈论的公民学意指关于公民的学科,它是一门以历史、地理等人文社会科学课程为基础,教授公民认同国家的基本价值和原则,并负责、有效参与国家政治生活所必备知识、技能和品性的学科,而并非某一门称之为"公民学"的课程。

三、课程标准

课程,是指为实现教育目标设计的有目的、有计划的教育科目和进程,实质是科学文化代际传播的载体。按照不同的划分标准,课程有不同的分类:一般意义上,课程有广义和狭义之分;按重要性归类,课程有核心课程和外围课程之分;从体系上看,有公共课程、基础课程和专业课程之分;按照课程开发主体,课程可分为国家课程、地方课程和校本课程等。从不同出发点和研究视角出发,课程的概念也不相同,至今尚未形成被广泛接受的概念。我国学者施良方对各种课程概念进行了总结,认为大致可以将其归为以下六类:(1)课程即教学科目;(2)课程即有计划的教学活动;(3)课程即预期的学习结果;(4)课程即学习经验;(5)课程即社会文化的再生产;(6)课程即社会改造[1]。课程自身的复杂性,内涵的丰富性,使得课程标准的概念也存在差异。

---

① 施良方.课程理论[M].北京:教育科学出版社,1996:3-7.

　　课程标准,是对学生在某一阶段学习结果的描述。在《教育大辞典》第一卷中,顾明远将课程标准定义为:课程标准是确定一定学段的课程水平及课程结构的纲领性文件。课程标准(结构)一般包括课程标准总纲和各科课程标准两部分。前者是对一定学段的课程进行总纲设计的纲领性文件,规定各级学校的课程目标、学科设置、各年级各学科每周的教学时数、课外活动的要求和时数以及团体活动的时数等;后者根据前者具体规定各科教学目标、教材纲要、教学要点、教学时数和编订教材的基本要求等。① 现在,二者分别被称为教学计划和教学大纲。

　　在美国,课程标准(Curriculum Standard,Academic Standard 或 Benchmark)被认为是"量度教育质量的准绳……是检验课程改革中进步大小的尺度",②1992 年,美国举办的亚太经济合作组织成员国(地区)教育部长会议提出,课程标准是对我们希望学生在校期间掌握的特定知识、技能和态度的非常清晰明确的阐述。课程标准描述了一个社会或一种教育体系规定学生在不同年级、不同学科领域应该获得的成绩、行为以及个人发展,以使学生为丰富完满的生活做好准备。③

　　本书中的课程标准,即指美国联邦政府、州级政府和权威社会研究机构针对特定学科制定的基础教育阶段的基本要求。具化到公民教育领域,它是对不同学习阶段学生应掌握的公民知识和技能的描述,实际上反映了政治体系和政治权力对学生学习结果的期望,即通过课程学习,成为认识、了解现行政治制度、政治权力、政治思想和政治秩序,赞同、认可主流政治文化,并具备参与国家政治生活能力的参与型公民。同时,课程标准也可以为公民教育课程的课程组织、教材编写、教学评估等提供参考和依据,而且,公民教育课程标准或大纲大多由教育部门和研究机构制定、颁布并实施,对相应区域内学校具有一定的号召力和约束力。

　　书中所提及的《国家标准》特指由美国教育部(the U. S. Department of Education)教育研究与发展办公室(Office of Educational Research and Improvement)和皮尤慈善基金会(the Pew Charitable Trusts)资助,由美国公民教育中心制定并于

---

① 顾明远主编:教育大词典(第一卷)[M]. 上海:上海教育出版社,1990:893.
② 美国国家研究理事会. 美国国家科学教育标准[J]. 北京:科学技术文献出版社,1999.
③ 国家教委与联合国儿童基金会 1990 – 1993 周期合作调研项目. 学习质量和质量标准 [M]. 南宁:广西教育出版社,1995:280.

1994 年颁布的《公民学与政府国家标准》,它致力于帮助学校培养对维护和改进美国民主必不可少的基本价值和原则,并具备理性承诺的有能力的、负责任的公民。① 由于美国的教育分权制度,该《国家标准》并不具备国家强制力,各州可以根据实际情况制定自己的州课程标准或者大纲。但实际上,由于《国家标准》是第一个关于公民学课程的文件性标准,颁布后陆续为各州教育机构、学校管理者、教师和学生所接受,在实践中发挥着指导各州公民教育课程标准和大纲制定的作用。截至目前,全美 50 个州和哥伦比亚特区均出台相应的公民教育课程州级标准②,其中纽约州、北卡罗来纳州和西弗吉尼亚等州的课程标准或大纲文本中明确表示一定程度上参考了《国家标准》。州课程标准是指美国 50 个州以及哥伦比亚特区颁布的关于公民教育的课程标准、大纲或课程指导文件,如纽约州"社会科学习标准"中对公民学、公民资质和政府的规定,《加利福尼亚州公立学校历史—社会科学内容标准》中关于公民学的要求等。这些课程标准、框架或大纲是相应地区对合格公民应掌握知识和技能的描述,反映了美国社会对理想公民的期求。

四、政治文化与政治社会化

政治文化这一概念的提出始于 20 世纪 50 年代。1956 年,美国政治学家加布里埃尔·阿尔蒙德(Gabriel A. Almond,1911 - 2002)在《比较政治系统》一文中,首次提出"政治文化"的概念,认为"每一个政治体系都根植于对政治行为的一类特定导向中,我们将之称为政治文化。"③在随后出版的《公民文化》中,他基于对美国、英国、德国、意大利和墨西哥五个国家的调查,研究和分析了公民的政治态度,为政治文化研究提供了基本概念和理论框架。路辛·派伊则认为,政治文化是政治体系中的态度、信念和情感等主观因素,"它赋予政治过程以意义和秩序。

---

① National Council for the Social Studies. Expectations of Excellence: Curriculum Standards for Social Studies [EB/OL]. Washington DC: NCSS Publication. http://www.ncss.org/standards1.1.html. 1994.

② 由于各州对公民教育投入的不同,有些州有单独的公民学大纲,如宾夕法尼亚州的《公民学和政府学术标准》,大部分州则制定社会科课程标准或大纲,将公民学科课程标准统整其中。

③ G. Almond, Comparative Political System[J]. The Journal of Politics, 1956(18):393.

它给出制约政治系统行为的基本前提和规范,"①其作用在于赋予政治系统以价值取向,规范个人政治行为。虽然不同学者对政治文化的界定有所区别,但从内涵出发大体上可以归为两类,广义的政治文化和狭义的政治文化。广义的政治文化不仅包含政治态度、信仰、情感和价值观念,还包括民主社会的政治思想、政治制度和政治体系;狭义的政治文化指"从一定的文化环境中发育出来的、相对稳定的对于生活其中的政治体系和所承担政治角色的认知、情感和态度的综合"。②本书中所提及的政治文化属于后者,它包含政治认知、政治情感和政治价值三个要素。

从某种程度上说,公民教育就是向学生群体传播政治文化的教育手段和教育活动。公民教育是政治文化传播的主要方式,政治文化则是公民教育的重要内容,政治文化学习和传播的过程就是政治社会化的过程。一般而言,政治社会化有两个方面的含义和内容:从个体角度,政治社会化是一个人通过学习和实践获得有关政治体系的知识、价值、规则和规范的过程;从社会角度,政治社会化是社会通过政治权威机构、社会组织和群体,有目的、有意识、系统地将现存政治体制所认可的政治思想、政治价值观念、政治行为规范,灌输、传授给社会成员,旨在传承政治文化,维系现存政治体系的过程。③ 所以说,政治社会化是学习政治知识,形成政治意识,掌握政治参与技能,即接受公民教育的过程,也是政治体系和政治权力传播政治文化、维护政治统治的过程。

政治文化和政治社会化息息相关,政治社会化,从概念上看是民主社会中自然人成为政治人的过程,本质上却是政治文化在社会个体中的传播和延续,进而为维持社会秩序和政治体系服务;政治文化,作为政治认知、政治情感和政治价值的综合体,是维持政治体系有序运转的保证,是政治社会化的重要内容。公民学课程,作为学校公民教育的载体,是一种有序、系统的政治社会化方式,学生习得公民知识,形成政治判断,掌握公民技能的过程就是学习政治文化的过程;学校向

---

① Lucian Pye. International Encyclopedia of Social Science[M]. MaCmillan Co. and the Free Press, 1961. Vol. 12: 218.

② 傅安洲,阮一帆,彭涛. 德国政治教育研究[M]. 人民出版社,2010:254.

③ 傅安洲,阮一帆,彭涛. 德国政治教育研究[M]. 人民出版社,2010:2236 - 237.

学生传播政治思想、政治价值、政治行为规范的过程,也揭示了政治文化的传播途径和过程。通过解构公民教育课程标准,即政治体系和政治权力对学生学习结果的期求,可以从本质上把握课程所传播的政治文化,加深对政治社会化途径和规律的理解,认识美国公民教育目标的合法性、合目的性与合规律性。

第二章

美国中小学公民教育课程的历史嬗变

公民教育最早可追溯到古希腊时期的城邦政治,当时公民指属于城邦的人,公民身份意味着参与城邦政治生活的权利。古代的公民教育随着公民身份的出现而产生,柏拉图认为,城邦首先是一个教育机构,教育是"唯一重大的问题"①,公民教育是维护城邦统一的重要手段。这一时期公民教育的使命是培养城邦的管理者和勇于为城邦献身的公民,强调对政体和君主的绝对忠诚。现代意义上的公民教育起源于启蒙运动时期,与现代民族国家相伴而生。随着新兴资本主义国家的建立,资产阶级为巩固国家政权,以天赋人权与社会契约等思想为理论对公民进行教育,培养民众的公民意识和爱国精神。此时,公民教育成为反对封建君主专制和教会统治的工具。

西顿霍尔大学法学院教授马克·亚历山大(Mark C. Alexander)则认为,现代公民教育,作为一门公认的课程,出现在一个世纪之前(指 19 世纪中后期),目的是帮助新的外来移民美国化,促使他们同化到当时占主导地位的北欧文化中。②美国学校的公民教育是培养国家未来合格公民的主要渠道,它随着社会政治环境的变化呈现出不同的形式和内容,经历了曲折的发展。公民学课程是中小学阶段学生接受公民教育的最核心课程,肩负为美国培养合格和负责任公民的重要作用,该课程的发展鲜明地展现了公民教育课程随政治文化变迁不断变化发展的历史。

---

① 徐大同. 西方政治思想史[M]. 天津:天津教育出版社,2005:43-44.
② Mark C. Alexander, Law - Related Education: Hope for Today's Students[J]. Ohio N. U. L. Rev. 1993(20): 57, 61-68.

第一节　公民学课程的确立与困境

美国建国前,宗教教育在很大程度上承担了教育功能;建国初期,学者们虽然意识到公民、历史等学科的重要性,但由于经济尚未发展到普及公共教育的水平,仅有少数地区学校开设了专门的课程教授公民知识;20世纪初,美国经济的发展和大规模移民的涌入,使人们对教育的关注增加,教育时效性的缺失使人们开始反思教育成效,推动了中等教育改革。1916年,《中等教育中的社会科》(The Social Studies in Secondary Education)报告①发布,正式采用社会科作为学校公民教育课程的科目之一。与此同时,公民学课程,作为社会科体系中人文社会科学知识的重要组成部分,也确立了正式课程的地位,致力于传播与公民和政府有关的知识。

一、中等教育课程改革

(一)中等教育改革的背景

19世纪末20世纪初,历史课程是中小学课程的核心课程之一。这一时期,比较普遍的历史课程模式是1892年麦迪逊会议②确定的两种历史课程大纲,可由地方学校根据所在地区的具体情况酌情选择。第一种:学习时间长达8年。从五年级开始学习历史,最初两年强调传记和神话学习;七、八年级教授美国历史,分别包含公民政府(Civil Government)和古代史;九、十年级学习法国和英国历史;十一年级更系统、深入地学习美国历史;十二年级学习公民政府,同时必须围绕某一阶段的历史主题进行强化学习。第二种:学习时长6年。可以从学校认为恰当的任

---

① 《中等教育中的社会科》报告由全国教育协会(NEA)下属社会科委员会作为20世纪初中等教育改革的成果报告发布。
② 1892年在威斯康星州麦迪逊举办了关于历史、公民政府和政治经济的研讨会,称为麦迪逊会议,属于美国国家教育协会(National Education Association)中等学校教育委员会的组成部分。会议由以查尔斯·肯德尔·亚当斯(Charles Kendall Adams)为代表的历史学家主导,试图提出一份综合中学历史教学方案。

何时间段开始学习,包含2年的传记和神话(Biography and Mythology)学习,1年的美国历史和公民政府学习,高中三年分别学习古代史、英国历史、美国历史和公民政府。①

传统历史学家主张,历史课程是中小学课程的学习重点,它的首要目标是教授美国历史和世界历史。部分地区开设"公民科"课程,或者在历史课程中设置"公民政府"(Civil Government)模块,教授公民与政府相关知识,帮助学生学习民族和国家的基本史实,了解美国社会合法性的来源,进而理解美国政治文化。整体上看,知晓历史是该类课程的首要目标,公民教育是附属产品,即第二目标。在这一时期并未出现普遍性的公民学课程。

随着第二次科技革命的进行,美国逐步由传统的农业社会向现代的工业社会转变。生产力的快速发展,生产关系的变更导致对劳动力的需求增加,社会城市化步伐加速。与此同时,东、南欧国家经历的社会矛盾使得大量人口因为政治、经济、宗教等原因来到美国,形成了美国历史上新一波移民浪潮。这部分新移民虽然满足了美国社会所需的大量劳动力需求,但也带来了新的社会问题,如文化冲突导致的社会矛盾。为了解决这些问题,"去移民化",即帮助这部分人顺利地融入美国社会和文化成了新的教育需求。

这种教育需求在当时盛行的进步主义运动中找到了理论武器。杜威是当时进步主义思想的代表人物,他认为学生成长的基础应在于学生的自身兴趣和需求,所以课程的中心应关注学生的兴趣和需求,而并非学科主题。传统的历史课程将学科主题置于课程中心,这违背并阻碍了学生的发展;②历史应服务于学生的需求,对于没有直接价值的历史,尤其是古代史和中世纪史,应该从中学课程中移除,为其他更重要的学科,比如公民学腾出空间。

由此,传统历史学家和新兴社会科倡导者之间的分歧出现并逐渐升级。一方是在当时占据主流的传统历史学家,他们认为历史课程所教授的知识能增加个人

---

① David Warren Saxe. Social Studies in Schools: A History of the Early Years [M]. State University of New York Press. 1991:46 – 47.

② David Warren Saxe. Social Studies in Schools: A History of the Early Years [M]. State University of New York Press. 1991:121.

知识、训练思维、开阔眼界,具有超越其他一般课程的教育价值,理应是学校教育中第一位的课程,所以他们试图稳固、甚至拓宽历史课程的影响。而另一方是进步主义者和社会科倡导者,他们希望通过减少历史课程在基础教育课程中的比重,增加更具有社会实效性的课程。

在 1908 年美国历史协会(American Historical Association)①年会上,批判学校课程过于注重历史,缺乏对公民政府知识关注的声音明显增大。而且许多地方学校并不具备提供全面、系统的古代史、世界史和美国史课程的基础条件,与此同时由于城市化进程加快和移民大量增长所带来的青少年犯罪问题,使学者对教育时效性的质疑增加,对课程的重新考虑和审视显得更为迫切,公民教育课程改革被提上日程。

中等教育改革社会科委员会,前身是成立于1912 年的社会科学委员会(Committee on Social Sciences),附属于由国家教育协会(NEA)资助的中等教育重组委员会(Commission on the Reorganization of Secondary Schools),由克拉伦斯·金斯利(Clarence D. Kingsley,1854 – 1940)担任主席,致力于学校公民教育课程改革。1913 年,托马斯·杰西·琼斯(Thomas Jesse Jones,1873 – 1950)担任社会科学委员会主席后,该委员会改名为社会科委员会,由 21 个具有不同教育背景的成员组成。他们提倡开设具有社会责任和社会有效性的课程,建议进行历史课程改革,增加公民知识和公民教导内容。

(二)《中等教育中的社会科》报告

1916 年,社会科委员会发布《中等教育中的社会科》报告,正式采用"社会科"作为经济学、历史学、政治学、社会学和公民学等学科的总称,并将其纳入学校课程的必修科目,借此进行公民教育,倡导一种新的社会科教学大纲。

社会科委员会两任主席,金斯利和琼斯都强调,在公民教育课程中,应该开发一种新的公民学课程大纲,为年轻人适应多样化的社会做准备。在他们的努力下,与会者决心为学校开发新的公民学课程来训练公民资质②,并倡导开设与学生

① 美国历史协会,成立于 1884 年,致力于历史文件的收集、保存与传播与推广历史课程。
② Diane Ravitch. Tot Sociology:Or What Happencd to History in the Grade Schools[J]. American Scholar,1987(56):343 – 354.

生活相关,建立更具社会产出效率的社区公民学(Community Civics)。社区公民学不仅要在初中的每一个年级学习,而且要成为社会科大纲的核心。

表2-1　社会科委员会推荐的七到九年级社会科课程大纲①

年级		科目	学习时长、侧重点
七年级	A	地　理 欧洲史 公民学	半年 半年 可采用单独教学,作为其他学科的一部分内容教学两种方式;每周1-2课时;侧重地方社区
	B	欧洲史 地　理 公民学	半年 附属于历史课程,作为历史的一部分教学 可采用单独教学,作为其他学科的一部分内容教学两种方式;每周1-2课时;侧重地方社区
八年级		美国史 公民学 地　理	半年 半年,侧重地方社区 附属于其他学科,作为其他学科的一个要素教学
九年级	A	公民学 公民学 历　史	半年,更多强调世界、国家和州层面的公民学 经济和职业层面 与公民学课程主题相关的实用历史
	B	公民学 经济史	强调经济和职业层面

---

① 表格资料来自 Arthur William Dunn. The Social Studies in Secondary Education, Report of the Committee on Social Studies of the Commission on the Reorganization of Secondary Education, National Education Association[R]. United States Bureau of Education, Bulletin, Washington, D. C. : GPO, 1916(28):22.

表 2 − 2　社会科委员会推荐的十到十二年级社会课课程大纲①

课程名	课程内容	学习时长
欧洲史(− 17 世纪末)	古代和东方文明, 截止 17 世纪末的英国历史,美国探险	一年
欧洲史(17 世纪末 −)	17 世纪末以来的英国历史	一年或半年
美国历史	17 世纪以来的美国历史	一年或半年
美国民主问题		一年或半年

如表 2 − 1 和表 2 − 2 所示,在社会科委员会建议的中学社会科课程大纲中,七、八年级的公民学侧重于与学生生活相关的社区层面,也可称为社区公民学;九年级的公民学课程则侧重于世界、国家和州层面的知识;十二年级开设的"美国民主问题"课程,围绕与学生相关度高的具体社会问题组织教学,从政治、经济和社会等方面考察生活中的实际问题和状况②,是一门实践性极强的公民素质训练课程。公民学不再作为历史教育的附属产品,而是在每一个年级,针对特定内容进行课程安排。

社会科委员会成员坚信,公民学作为一门实用课程,可以让学生根据自身兴趣和需求,从社区的共同利益角度进行思考和做出行动,能倡导良好的社会行为。基于此,两年后,中等教育重组委员会报告对公民学课程的教学内容进行细化,如他们认为八年级该课程的基本组成如下:教师应从自身社区着手,将学生视为社区当代生活的重要因素,并从学生角度采用科学的方法处理"无条理的信息";从寻找一个真实问题出发,收集并观察数据、测试数据,形成结论,并"提交"结论以

---

① 表格资料来自 Arthur William Dunn. The Social Studies in Secondary Education, Report of the Committee on Social Studies of the Commission on the Reorganization of Secondary Education, National Education Association[R]. United States Bureau of Education, Bulletin, Washington, D. C. : GPO, 1916(28):35.

② Arthur William Dunn. The Social Studies in Secondary Education, Report of the Committee on Social Studies of the Commission on the Reorganization of Secondary Education, National Education Association[R]. United States Bureau of Education, Bulletin, Washington, D. C. : GPO, 1916(28): 52 − 53.

供审查①。所以,课程大纲采用双循环系统,提供了一种"每一个阶段综合、全面的学习课程"②,即在初中(七到九年级)和高中(十到十二年级)阶段重复学习历史、公民学和地理知识,初中阶段的学习注重基础和实用性,提供基本的和必要的技能与知识,高中阶段则是强化学习,注重知识和方法的拓展、延伸,提供一种更广阔的视角。

但是,由于当时复杂的国内外环境,大部分学生在完成八或九年级,而不是在完成十二年级之后离开学校,辍学率高达90%到95%,只有少于10%的高中适龄学生能从中学毕业③,绝大多数学生没有机会学习高中阶段更加全面的公民学课程。所以,大纲发布后不久,委员会将应在十二年级开设的实践型公民学课程提前到七年级学习,开发更具社会产出效率的社区公民学,提供综合、全面的公民知识学习和公民素质训练课程。学习时序上的调整可以让更多学生系统地接受公民学知识和技能的教育。

(三)社会科委员会报告的影响

虽然,社会科课程大纲对公民学进行了较清晰的课程设置,但公民学课程并未在实践中受到青睐。在接下来的半个世纪,公民学课程经历了曲折的发展过程。

这一时期的美国中等教育课程改革,正值第一次世界大战,美国也从间接受到战争影响,转至准备直接参战。1916年的社会科报告,因作为课程改革主要驱动力的进步主义思想主旨与战争期间所需的尚武精神和国家主义相冲突而成为牺牲品。1917到1919年间,社会科报告的所有主要作家,除伯纳德(James Lynn

---

① David Warren Saxe. Social Studies in Schools: A History of the Early Years[M]. Albany: State University of New York Press. 1991:157.

② Arthur William Dunn. The Social Studies in Secondary Education, Report of the Committee on Social Studies of the Commission on the Reorganization of Secondary Education, National Education Association [R]. United States Bureau of Education, Bulletin, Washington, D. C.: GPO, 1916(28):12.

③ David Warren Saxe. Social Studies in Schools: A History of the Early Years[M]. Albany: State University of New York Press. 1991:153.

Barnard)①外,都不允许或不敢发表涉及社会科的文章。在公立学校,因为害怕被解雇,或者遭受严重的惩罚,比如被判下狱,教师们严格遵循官方公布的信息,以前坚持一定观点或就某一事件畅所欲言的自由不复存在。历史课程,由于更能迎合战时宣扬爱国主义的需求,为美国支持同盟国击败德国做出诠释,仍在学校课程占据统治地位,而社会科提倡的更加注重现实和社会有效性的公民学,并未受到重视。直到战争过后,社会科倡导者强调关注现实的思想才再次被一些学者接受。

两次世界大战期间,动荡的国内外局势使美国并未组织科研团队规划公民学课程的教学设计,社会科委员会也未能筹集足够的资金组织大规模的公民学课程试点。所以,社会科报告关于公民学课程设置的一些提议受到广泛争议。如,公民学课程是否应成为社会科体系的独立课程,公民学在社会科课程中是否与历史课程同等重要,公民学课程是否应注重现实的社会参与等。通过对这些问题的讨论,公民学的独立课程地位得到承认,课程应关注现实需求、社会利益这些观点也逐渐得到社会认可。尽管,在随后相当长一段时间内,更注重社会需求的历史课程,仍然占据中小学课程的主流;但是,公民学课程,不再是历史课程的附属品,而是以单独的课程形态存在,并经历曲折的发展。

二、新社会科运动

新社会科运动,是指发生在 20 世纪中叶,受结构主义思想影响,以学科概念结构为中心,提倡探究式学习的公民教育课程改革,是 20 世纪美国第二次大规模的课程运动。该课程改革涉及公民教育领域,试图对社会科知识体系进行系统解读,为此教育界广泛讨论了公民学、历史等基础学科的学科结构,但受特定时代背景的影响,这场改革以失败告终。

(一)新社会科运动的背景

新社会科运动发生在 20 世纪 60 年代,很大程度上源于对进步主义教育的批判和冷战时期的意识形态竞争。冷战时期,美国在与苏联等社会主义国家和共产

---

① 伯纳德曾发表 A Program of Civics Teaching for War Times and After[J]. Historical Outlook, December 1918(9):492－500 一文

主义意识形态的抗争中,加大对教育的投资,涉及数学、科学、社会科等学科领域。在公民教育领域,各方学者对社会科课程体系的批判和抨击尤为激烈。

以杜威为代表的进步主义教育思想引领了20世纪上半段的学校教育。它不仅奠定了社会科课程体系的理论基础,并广泛影响了社会科教育各个学科领域,所以社会科成为保守主义者攻击进步主义教育的一个主要标靶。随着第二次世界大战的结束,保守主义谴责进步主义教育理论无法帮助智力的增长,属于反智主义教育(Anti - intellectualism),对学校课程和社会科教育的批评尤为激烈。1949年,某学校董事会前任委员莫蒂默·史密斯(Mortimer Smith)出版《外行人看公立学校教育》一书,控告进步主义的教育哲学是不民主的,反智力的,因为它并没有坚持任何知识的准则,也放弃了让每个小孩了解人类智慧这些观念。亚瑟·贝思图(Arthur Eugene Bestor,1879 - 1944)也在《教育的废墟》一书中谴责社会科是"社会杂烩",呼吁教育家抛弃"社会科"这一概念,进步主义俨然成为一切教育失利的替罪羊。

二战后,美国成长为世界上的超级霸主,但国际地位受到苏联的挑战,如1949年苏联爆炸原子弹,打破了美国的核垄断;1957年苏联人造卫星上天。美国批评家将这些事件描绘成共产主义的扩张,并试图寻找对美国造成挑战的根本原因。对苏联实力增长的恐惧,尤其是苏联打破美国核垄断带来的担忧,加剧了美国政府和民众的不安,也刺激了反共产主义的情绪。有学者甚至将社会科、进步主义和共产主义相联系。凯蒂·琼斯(Kitty Jones)和罗伯特·奥利弗(Robert Olivier)在《赤色教育的进步主义思想》(Progressive Education is REDucation)一书中,谴责了由历史、地理和政府知识杂乱拼凑的社会科课程让整个国家过多地参与解决问题,指出进步主义运动与共产主义紧密相连。

教育历史学家克拉伦斯·卡里木(Clarence Karier)认为"冷战很大程度上塑造了美国随后四十年的政治、经济和教育制度"[①]。迫于国家利益和安全的需要,美国政治家认为共产主义意识形态成了美国民主的最大威胁,以培养"战时公民"为目标的公民学课程被大量研发,历史和地理课程在社会科体系中的地位下降。

---

① Clarence Karier. The Individual Society, and Education[M]. Urbana: University of Illinois Press,1986:287.

源于对国家安全的焦虑,美国政府出台了《国防教育法》(National Defense Educa-tion Act),并于 1964 年将公民教育列入国防教育科目中,多达四十个联邦州宪法都提到学生公民素养的重要性①,对社会科课程的研究和开发受到重视。同时,美国政府开始通过国家科学基金会(National Science Foundation)②和其他方式来大规模地资助学校课程改革运动。这一时期的社会科项目大体上以学科为中心,是批判进步主义教育和进步主义社会科的直接产品,得到了联邦和基金会等各方力量所未有的财力支持。此外,战后出生的"婴儿潮"一代使得入学学生数量激增。从战后到 1953 年,一年级学生入学率就增加了 34%,③更多的家庭开始关注学生课堂学习内容,一场自上而下的社会科课程改革蓬勃发展起来。

(二)新社会科运动的努力

20 世纪中期的学校教育改革受到认知心理学中结构主义理论的影响,这种理论最先应用于数学和科学领域,再扩展到社会科、外语等学科。以杰罗姆·布鲁纳(Jerome S. Bruner)为代表的结构主义教育理论强调对学科基本结构和事物之间联系的了解,提倡在教师的引导下,学生自主地进行学习,探索事物的规律,获得新知。很快,结构主义理论被广泛应用于社会科领域,成为这次课程改革的指导理论。

改革的焦点聚集在"概念结构"和"探究式学习"两个方面。以全国社会科协会为代表的机构和学者对于课程结构开展了深入研究,出版了《美国历史解读和教学》(Interpreting and Teaching American History,1961 年)、《社会科学与社会科》(The Social Sciences and the Social Studies,1963 年)等著作,强调对学科结构的关注,学科知识间的联系。"探究式学习"与传统的课堂灌输相对立,强调以学生为主体的学习方式,提倡学生自主发现问题,寻找事物规律的学习模式。改革者试图通过引入新的教学理念、教学内容和教学方式,寻找新的课程模式替代现有的

---

① John Doyle and Stephen C. Shenkman. Revitalizing Civic Education: A Case Study [J]. Flori-da Bar Journal 80, 2006(10). 31.

② 国家科学基金会,一个美国政府机构,支持医学领域以外的科学和工学学士基础研究和教育。

③ Ronald W. Evans, The Hope for American School Reform: The Cold War Pursuit of Inquiry Learning in Social Studies[M]. New York: PALGRAVE MACMILLAN. 2011:13.

课程结构。

这一时期,社会科课程普遍采用"同心圆扩大模式",以学生自我为中心,按照地理区域的逐渐扩展,来设计课程。基础教育阶段主流的课程设计如表 2 - 3 所示,这种模式形成于 20 世纪 20 年代以后,当时战争使大量移民和劳动力涌入美国,也让美国相当一部分孩子并没有完成高中,因此,将美国公民观念教授给移民和农村的孩子是公民教育课程的重要任务。新社会科运动中,学者和研究机构根据战后美国国内外环境对既有课程改进做出了许多努力,例如在综合课程领域,对"社会科"概念进行解构和重组;在具体学科领域,公民学课程支持者主张开发更加实用的课程,注重知识的系统性和结构的合理性。历史学家依旧提倡增加历史在课程中的比重;社会学家提出将社会科学研究作为学生课堂活动的重点。被资助的科研项目广泛探讨了以学科为基础的历史、政治、经济等课程的学科结构。

表 2 - 3　社会科课程组织的主流模式

年　级	课　程
幼儿园	自我、学校、社区、家庭
一年级	家庭
二年级	邻居
三年级	社区
四年级	州历史、地理区域
五年级	美国历史
六年级	世界文化、西半球
七年级	世界地理或历史
八年级	美国历史
九年级	公民学或世界文化
十年级	世界历史
十一年级	美国历史
十二年级	美国政府

新社会科运动中开发的公民学课程大体上可以分为公民学(Civics)、民主问题研究(Problems of Democracy)和公民学与政府(Civics and Government)课程三

类。从课程内容上看,公民学、公民学与政府课程从抽象的角度阐述公民与政府知识,关注公民角色;民主问题研究课程从具体的社会政治问题出发探讨当代问题。从教学侧重点来看,公民学和民主问题课程以公民接触到的地理位置由近及远为线索进行学习,探讨公民角色,鼓励学生讨论当代问题,公民学和政府课程则采用比较抽象的方式看待政府,这门课程强调政府的概念,与当今的政府课程最为类似。①

　　这次教育改革得到了来自联邦政府、非政府机构、私人基金会、大学等机构大量的资金资助。截止 1968 年,联邦政府对教育改革的拨款超过 30 亿美元②。这些研究开发了大量的成果,以书籍、课程大纲、阅读材料等形式呈现并出版应用。如"哈佛社会科项目"的书本集《公共问题系列丛书》(Public Issues Series, Xerox Publishing,1968)销量非常高,据报道总销量超过 800 万册③。

　　(三)新社会科运动失败的原因

　　尽管新社会科运动投入了巨大的人力、财力出版研究成果,用于指导学校课堂教学,但其对社会科课程产生的影响却极其有限。这本质上是由引发课程改革的历史背景决定的。这次课程改革运动源自冷战大环境,源于与苏联对抗形势下对国家安全的担忧和对共产主义意识形态的畏惧,这使得美国人逐渐从一战后形成的国家强权心态转变为冷战期间对国家安全和前途的忧患与焦虑,国家主义占据了政治文化的中心,希望通过提高学校教育质量来增进国防实力。其次,此次课改的推动者主要是来自大学和科研机构的学者,是一场源于实验室而非教师和学校的改革运动,大多数改革者缺乏课程教学实践经验,盲目相信科学的方法和理论结构,低估了社会科的多样性与实践性。再次,它对学生和教师提出的要求太高,由于改革大多由大学和研究机构领导,忽视教学实践者的参与,其发行的书本对学生的要求远远超过一般学生的阅读水平,而且几乎所有的研究结果都鼓励

---

①　Nathaniel Leland Schwartz. Civic Disengagement:The Demise of the American High School Civics Class[D]. senior honors thesis, Harvard College, 2002.

②　Barbara Barksdale Clowse. Brainpower for the Cold War:The Sputnik Crisis and the National Defense Education of 1958[M]. Westport, CT:Greenwood Press, 1981:159.

③　Ronald W. Evans. The Hope for American School Reform:The Cold War Pursuit of Inquiry Learning in Social Studies[M]. NY:Palgrave Macmillam. 2011:161.

学生像学者一样独立思考,设计研究,收集数据,进行发散思维,由于很难达到课程要求,学生的参与热情逐渐下降。

随着社会科领域研究成果的出现,新研发的课程设计与课程方案对现有课程结构和课程体系构成了巨大挑战,传统社会科的学者开始进行强烈反击。他们公开撰文抨击新成果和书籍,甚至到国会进行抗议。而且,新课程改革对教师与学生提出的要求过高,推动改革的外部动力并没有在社会科实践领域寻找到有效呼应,随着新社会科运动自身缺陷的逐渐显露,教师、学生以及家长对新课改成果的热情下降,国家资金投入也逐渐减少,并没有产生持续性的影响。20 世纪 70 年代后,美国深陷越战泥潭,无力顾及新课改的应用,水门事件又使公众对美国政府的信任降到低点,公民学课程的实效性受到质疑,公民教育的说服力也大打折扣。这直接造成了新社会科运动开发的大量公民学课程局限于研究机构,而未能大规模应用于课堂。

第二节 公民学课程的蜕变与发展

尽管公民学课程在 20 世纪初得到一定认可,但新社会科运动失败后,公民学课程受到严重冲击,逐渐淡出课堂视野。当时,美国对外深陷越南战争泥潭不能自拔,对内面临高涨的民权运动和资本主义经济的"滞涨"危机、社会矛盾、经济矛盾、种族冲突、性别歧视、犯罪、暴力等问题突出。同时,学校课程教学中,教师不确定哪些知识更重要,学生很难在课堂上寻找到兴趣,公民教育课程的社会公信力下降。许多学者呼吁,回归课程基础的改革势在必行,公民教育必须适应时代的发展。

一、教育标准化运动

不同于以往的课程改革,20 世纪八九十年代的教育标准化运动以国家法律形式明确了教育改革的目标,侧重于资助有影响力的社会团体主导各学科的课程改革,通过学者、教师、学生、家长的共同努力推进教育标准化运动。公民学学科通过这次改革以法律形式明确了该课程在中小学教育中的重要地位,并开发了《国家标准》,明确了课程的教学目标、内容和要求。

（一）教育标准化运动的背景

第三次科技革命以前,美国绝大部分的工作是由具备八年级教育水平的工人完成,只有很少部分的工作需要具备更高专业知识和技能的人①。20 世纪七八十年代之后,由于受到经济全球化的影响,发展中国家的产品和服务以其低廉的价格优势迅速进入美国市场,美国许多公司开始在海外建立生产基地,将劳动密集型产业外迁。而在美国国内,个人想要获得原有报酬水平的前提是掌握更高的技能,创造更大的价值。企业家和政府都意识到,拥有受过良好教育、掌握熟练技能的教育"产出者"将成为其在全球化竞争中获得优势的关键,因此,国家对教育提出了更高的要求。而这一时期,出生于二战后的"婴儿潮一代"走出校园,构成青年一代的主体。由于这代人成长于美苏冷战时期,国家注重国防教育,忽视有效的道德教育,导致了六七十年代吸毒、暴力、冷漠等严重的社会问题,这代人显示出以自我为中心,藐视社会公德,追求享受等特点。社会道德滑坡现象严重,使美国各界开始普遍反思教育的成效。1983 年联邦教育部发布《国家处于危险之中：教育改革势在必行》(A Nation at Risk：The Imperative for Educational Reform)②(以下简称《国家处于危险之中》)的报告,要求将学生培养成为负责的公民和现代经济中高效的生产者。公民学课程,经历近一个世纪的曲折发展后,再次被提上中小学基础课程改革的日程。

美国国家教育进步评价(National Assessment of Educational Progress,简称 NA-

---

① Standards Movement in American Education ［DB/OL］. http：//education. stateuniversity. com/pages/2445/Standards – Movement – in – American – Education. html

② 《国家处于危险之中,教育改革势在必行》,是国家高质量教育委员会于 1983 年向美国教育部提交的一份报告,报告称美国的学校教育质量在下降,引发了上世纪末美国最大的一次教育改革,被认为是美国现代教育历史上一个具有里程碑意义的事件。

EP)①分别在 1982 年和 1988 年对学校公民教育进行调查。调查发现,学生回答关于美国社会知识问题的准确率和所持态度的正确率比以往有所下降(1982 年);四年级学生对社会研究课堂的参与率仅为 49%(1988 年),十二年级学生中参与公民学或美国政府课程的比例也仅为 61%(1988 年)②。调查结果公布后,美国社会各界质疑公民教育的声音越发强大。20 世纪 80 年代后期开始,全美范围内展开了一场轰轰烈烈的,以提高基础教育质量为目标的国家教育标准化运动,即 20 世纪美国第三次教育改革。

(二)公民教育课程标准化进程

1989 年,布什总统在弗吉尼亚召集各州州长会议,商讨改进教育的方法和措施。会议决定,各州应在美国学校教育所应达到的目标上达成共识,并制定一项关于国家教育目标的说明。这代表着各州开始在教育主权上对联邦政府妥协,使得置于各州之上的国家性课程标准的建立成为可能。

同年,全美数学教师理事会(National Council of Teachers of Mathematics)③出版了第一个学科标准化成果《数学课程和评价标准》(Curriculum and Evaluation Standards for School Mathematics,1989 年),它开启了各学科回归学科基础,进行理性思考,树立学科规范的进程。公民学领域各学科的标准也相继制定并发行。

紧接着在 1990 年 3 月,全国州长会议发表声明"美国人必须准备着……有见识地参与到民主与民主制度中……使其在不断多样化的社区、州以及迅速变小的世界中有效运作……今天,我们需要一个接受教育的新的公民标准,一个适宜的

---

① 美国国家教育进步评价,也被称为美国国家教育报告卡,或国家成绩报告单,创建于 20 世纪 60 年代,先后由美国教育委员会(Educational Commission of the States,简称 ECS)、国家教育统计中心(National Center for Educational Statistics,简称 NCES)、国家教育考试服务中心(Educational Testing Service,简称 ETS)管理和监控。1988 年,美国国会批准成立国家评价管理委员会(National Assessment Governing Boarding,简称 NAGB),专门管理 NAEP 的教育评价工作。截至目前,NAEP 是美国国内唯一的、长期的、具有全国代表性的教育评价机构。

② 罗许慧.美国中小学公民教育评价研究——基于 NAEP 体系的考察[D].华中师范大学,2011.

③ 全美数学教师理事会,成立于 1920 年,是世界上研究数学教育的最大机构,有 8 万多成员,遍布自美国、加拿大和其他国家。它自称是美国数学教育领域的发言平台,支持教师的职业发展,确保学生可以获得最高质量的洞察力,职业发展,研究和教学引导服务。

为了新世纪的标准。……(所有学生)必须理解和接受公民的责任与义务"。①

1991 年《美国 2000 年教育战略》(America 2000：An Education Strategy)②和 1994 年《2000 年目标：美国教育法》先后发布,从法律和政策上确定了学校的公民教育使命。随后,公民教育领域社会科综合课程标准和四大基础学科课程标准颁布。

美国公民教育中心发布的《公民学与政府国家课程标准》,以公民生活、政治、政府及其职能;美国民主的基本价值观和原则,其政治体系的基础;以宪法为基础的政府如何体现美国民主的目标、价值观和原则;美国和其他国家、以及世界事务的联系;美国民主中公民的角色五大主题为核心,提出公民学领域的学习框架。

加州大学洛杉矶分校的全国中小学历史教学中心(National Center for History in the Schools)③正式发布《历史课程国家标准》(National History Standards,1994 年),包含《K - 4 年级少儿历史课程标准》《5 - 12 年级美国史课程标准》和《5 - 12 年级世界史教学标准》三部分,以文化和文明为主线索讲解历史,注重培养学生的历史观和思维能力。

美国国家地理协会④正式出版的《生活中的地理：国家地理标准》(Geography for Life：National Geography Standards),以空间术语中的世界、地区与区域、自然系统、人文系统、环境与社会、地理知识的用途六大要素为主轴,分别制定每一水平阶段学生所应知道的学科知识,掌握的地理技能和观点。

美国国家经济教育委员会(National Council on Economic Education)⑤在 1997 年也发布了《自愿性经济学国家内容标准》(Voluntary National Content Standards in

---

① Higgenbotham, M. ed. What Governors Need to Know About Education Reform [M]. Washington, DC：National Governors Association, 1995.

② 《美国 2000 年教育战略》是落实 1989 年全美教育峰会要求,制定的一个为期九年,完成六项国家教育目标的国家战略计划。

③ 自 1988 年以来,国家中小学历史教学中心一直注重加强历史学者与课堂教师的关系,努力提高历史教学质量,该中心最有成效的实践是研发了《历史课程国家标准》。

④ 美国国家地理协会,也称美国国家地理学会,创建于 1888 年,由美国一家非营利性的科学教育组织——国家地理协会(National Geographic Society)创办。

⑤ 美国国家经济教育委员会,起源于 1949 年的经济学教育联合会(Joint Council on Economic Education),2009 年正式更名为美国经济教育委员会(The Council for Economic Education),致力于幼儿园到高中学生的经济与金融教育的推广与普及。

Economics），为不同水平阶段的学生学习经济课程提供学科内容规范。

美国社会科协会制定的《追求卓越：社会科课程标准》，以文化，时间、连续与变迁，个人、地域与环境，个体发展与认同，个人、群体与机构，权力、权威与管理，生产、分配与消费，科学、技术与社会，全球联系，公民理想与实践十大主题轴来串联各学科领域的知识。

这些标准的制定得到美国教育部等国家官方机构的资助和指导，在制定过程中，学者、教师、家长等社会力量多方参与，在课堂中进行实践；在各科课程标准施行的过程中，根据实践效果和反馈信息，定期组织学者进行修改，并发行修订版本。

（三）教育标准化运动的作用

此次教育改革以法律形式明确了学校的公民教育使命。《美国2000年教育战略》和《2000年目标：美国教育法》，支持制定公民教育领域"世界水平"的国家课程标准，奠定了公民教育课程在美国中小学课程中的核心地位。这使得此次改革的意义不同于以往任何一次教育改革，即研究成果不会朝令夕改或者难以持续。此后，尽管公民学课程在新世纪受到其他学科的冲击，几经调整，但公民教育课程并未受到致命影响。

为了实施《2000年目标：美国教育法》，美国教育部耗费了极大人力、物力和财力，组织8个单位负责编写数学、科学、公民学等学科的国家课程标准。在公民教育领域，历史、地理、公民学和经济是目前美国各州普遍认可的社会科体系四大核心课程。各学科的课程标准并不是相互独立的，而是存在一定的共通性。各学科标准提供详细、具体的教学框架，社会科课程标准则注重总体设计，这些被强调的共通主题、观点、概念和技能为社会科体系内，各学科的课程整合和连贯，提供了融合的基础。

虽然在实施教育分权的美国，该类标准并不具备强制性，各州可以自行决定课程学习内容。但在实际操作过程中，由于各课程国家标准的科学性和可操作性，大部分州都以上述课程标准作为依据和参考，制定相应的州级学科课程标准。

二、《不让一个孩子掉队》法案对社会科的冲击

2001年，时任美国总统乔治·沃克布什（George Walker Bush）发布《不让一个孩子掉队》(No Child Left Behind Act,简称 NCLB)①法案,这是美国为应对新世纪挑战颁布的改革中小学基础教育的文件,目的是力争不让一个孩子掉队,从而最终实现中小学教育质量的提高。

（一）NCLB 法案简介

美国不同地区、不同阶级、不同人种间的贫富差距悬殊,各学校之间教学经费、教学条件和师资力量存在差异,导致不同学区的教育水平参差不齐。为了帮助贫苦地区的学校增强教学实力,提高教育水平,林登·约翰逊(Lyndon B. Johnson,1908－1973)总统在 1965 年曾设计了一个"伟大的社会"计划,试图通过联邦政府对地方教育的拨款,为偏远地区的公立学校增加教育经费。随后,1965 年的这一计划,每隔 8 年修改一次,由总统领导完成,但效果并不理想。

2001 年布什总统上台后,重新对该法案进行修改,形成 NCLB 法案。报告中描绘了 21 世纪美国教育改革与发展的蓝图,目标是缩小学生间的成绩差别,争取让所有学生在毕业时都能达到一定期望水平,从而实现中小学教育的高质量。该法案沿用责任制的思路,在给予各州和各学区资金资助和资金使用自主权的同时,对学校的评估引入竞争淘汰机制,以标准化的考试为测评工具,鼓励学校缩小学生间的成绩差距,提高教学整体质量。在学生学业成绩的规定中,NCLB 法案强调阅读,提高学生读写能力;帮助英语语言运用欠佳的学生达到英语流利水平;改进数学和科学教学,加强学生科学素养。

该法案的颁布,对美国基础教育改革产生了深刻影响。尽管人们对法案实施一直存在争议,但 NCLB 法案却成为指导学区和学校运行的指挥棒。学校根据法案的评估标准培训教师,设计学生课程,重点加强被考核科目的学习来提高学生的整体学业成绩。

（二）NCLB 法案对公民学课程的冲击

在这次中小学基础教育改革中,数学、阅读、科学等科目成为政府考核学校教学质量的重要依据。在"责任制"和学科标准化测试的压力下,各个学校为了提高

---

① 《不让一个孩子掉队》法案,颁布于 2001 年,关注教育公平,改革教育评价制度,实施奖罚措施,以提高学生学习成绩为根本目的,关注教育公平,改革教育评价制度,实施奖罚措施。

通过测试的学生人数百分比,纷纷加强被考核学科的学习。但是,在这次改革中,社会科并未被列入 NCLB 所规定的需要集中关注和考核的科目,很多地区并不对社会科知识进行测试,这使得学校和教师在实际教学中忽视社会科,只重视被考核科目的教学。一项基于美国 33 个州的调查显示,自 NCLB 法案颁布后,有 16 个州的社会科教学时间被压缩①,社会科在新世纪之初面临严峻的考验。

但是,新法案对公民学课程造成的影响并非毁灭性的,这很大程度上源于教育基础化运动奠定的深厚公民教育文化基础。首先,与其他几次教育改革不同,教育基础化运动以国家法律形式确定了学校公民教育的重要性,在《2000 年目标:美国教育法》中明确规定"到 2000 年,所有学生在结束四、八、十二年级时,将完成包括……公民学与政府……等在内的条件性科目,以便为进一步学习,成为负责的公民和富有成效的雇员做好准备"。新法案给公民教育课程带来的冲击并未使公民学课程从现有课程体系中消失,而只是相对弱化。其次,上世纪末,国家层面的公民学课程标准颁布后,各州纷纷制定与地方实际相适应的州级标准,并在实践教学中进行修订和完善。在这个过程中,一支强大的中小学公民教育研究和教学实践队伍业已形成,他们周旋于 NCLB 法案与公民学发展交织的矛盾中。全美社会科协会主席盖伊·提曼(Gayle Y. Thieman)在 2007 年年会上所作的《跨越鸿沟,架构桥梁》学术报告中指出,虽然 NCLB 法案对社会科造成了消极的影响,但也激励了更多的教育者以积极的态度应对挑战,促进了公民学和社会科课程标准的修订。②

截至目前,全美 50 个州和哥伦比亚特区都已制定州级社会科课程标准或框架,指导公民学、历史、地理、经济四门核心学科和综合的社会科教学。在各州公民学课程体系中,亚拉巴马州公民学或政治科学在每个年级都有涉及,七年级和十二年级时会分别学习"公民资格"和"美国政府"课程各一学期;在阿肯色州,幼儿园到八年级是各学科知识的综合学习,九到十二年级期间,必须在"公民学"(时

---

① James A. Duplass. Elementary Social Studies: Trite, Disjointed, and in Need of Reform? [J]. The Social Studies, 2007, 98 (4): 139.

② Gayle Y. Thieman. Crossing Borders, Building Bridges[J]. Social Education, 2008, 72 (3): 86 – 90.

长:1学期)和"公民学与美国政府"(时长:2学期)两门课程中至少选修一门,同时必须学习"美国政府"课程。在宾夕法尼亚州,政府甚至制定了专门针对公民学与政府的学术标准,在幼儿园到三年级,四到八年级阶段,从政府原则与政府文件,公民权利与义务,政府怎样工作,国际关系怎样运行四个方面逐渐深入地学习公民学与政府知识,在九年级和十二年级,公民学的学习则主要通过美国历史(1850年至今)、世界历史(1450年至今)、公民学与政府三门课程进行。同时,各州教育部门还根据教育环境的变化和实践反馈意见及时对标准进行修订,如加利福尼亚州在继1998发布"历史—社会科内容标准"后,2005年、2010年、2016年分别再次对标准进行修订。纵观各州学校公民教育,低年级通过综合课程了解各个学科知识,在此基础上,高年级通过单科的公民学课程,以及与历史和经济学科的交叉课程进行系统学习,已经成为比较普遍的公民教育课程教学模式。

第三节　公民学课程历史地位的变化

公民学课程是现今美国基础教育阶段公民教育的四大核心课程之一,目的是传授公民知识、培养公民能力和养成公民品性。尽管当今美国所有州都将它作为公民教育的必修课程,承认其在培养公民认知,促进公民参与过程中发挥的作用。但是,人们对该课程重要性的认识并不是一蹴而就的,公民学课程在中小学公民教育历史中的地位也经历了曲折发展,这种变化实质上体现着政治体系和政治权力的意志,是不同历史阶段美国政治文化变迁和培养公民的需要作用于公民教育的结果。

一、附属于历史课程中的公民教育

美国的公民文化最早可追溯到早期欧洲移民聚集生活的社区。当时,相当一部分移民由于宗教原因来到美国,他们注重平等、自由的观念,崇尚宗教信仰自由。教会以宗教和道德为主题开展活动,希望培养认同清教伦理和民主自由等观念的公民。这些活动虽不涉及公民知识的教育,却具有公民教育功能。直到独立战争时期,为了帮助有着不同文化背景的各国移民融合在一起,成立美利坚合众国,富兰克林(Benjamin Franklin,1706 – 1790)和杰斐逊(Thomas Jefferson,1743 – 1826)等建国者意识到公民教育的重要性,大力支持和发展公共教育。1749 年,富兰克林和杰斐逊开始主张学校应学习历史、地理和政府组织知识。① 1779 年,在弗吉尼亚一项法案的序言中,杰斐逊提出,公共教育是维持自治的一种途径。② 1790 年前后,部分地区学校在中小学开设"公民科",课程目标为培养学生的爱国精神,以及对美国政治制度、国家理念的理解。③ 尽管建国者们支持公民教育的观念,但当时,公共教育并没有得到普及,只有马萨诸塞州、康涅狄格州和纽约州等少数地区才有条件提供公共教育。直到南北内战前,由于经济的急速增长、城市化、工业化速度加快,新移民到来对美国社会造成冲击,全国范围内免费的公共教育体系才开始建立。截止 1850 年,美国各州在公立教育上的投入已经超过任何一个欧洲国家④。

由于建国后美国政府维护国家生存,获取内部团结,迅速增强实力的需要,这一时期的教育注重培育具备公民意识、爱国精神和责任心的公民。历史课程,作为进行爱国主义教育的有效手段,承担起了这一时期公民教育的主要职责。以杰斐逊为代表的各界人士深刻论述了历史学习的重要性,认为"历史可以使人们了解过去和未来;历史可以为他们提供异国的经验;历史还教会人们如何评价人和事,如何揭露伪装,认清本质,击败阴谋",⑤极力主张在全美推广历史课程。据调查,截止 1860 年,至少有 107 种关于美国历史的教科书出版,马萨诸塞州等五个州专门制定法律要求学校开设美国历史课程。根据另一份 1896～1897 年的报告,当时的 432 所高等教育学校中,有 70% 的学校要求将美国历史作为入学时的必考

① Cogan, J. J. Social Studies: Past, Present, Future[J]. Social Education. 1976,33 (4):293 – 295.
② David J. Feith, Evan H. Daar, etc. Teaching America: The Case for Civic Education [M]. R&L Education. 2011:3.
③ 参见 Kerry J Kennedy. Citizenship Education and the Modern State[M]. The Falmer Press, 1997: 139 – 146.
④ William J. Reese, America's Public Schools: From the Common School to "No Child Left Behind"[M]. Baltimore: Johns Hopkins Universtiy Press, 2005: 28.
⑤ 刘传德,许华. 美国的历史教学[J]. 史学史研究. 1997(01):75.

科目。①

历史教育的内容丰富,包含美国历史和世界历史,并在历史教育中融合相关的公民与政府知识,如政治权力、政府机构等相关知识,侧重于美国史和美国政治制度合法性的历史渊源,帮助学生了解美国政治制度,在增长知识,锻炼思维的同时,为他们提供一种认识世界的整体视角。教育者们认为历史可以回避教学内容的政治化倾向,也可以缓和多元主义的冲击,在学习美利坚合众国形成和现代化的过程中,理解承载其中的自由主义传统文化和美国政治合法性的历史渊源,从而实现文化认同与价值传承,因此成为意识形态和价值观念传播与灌输的主要途径。1892 年,麦迪逊会议,将政治机构和公民知识的学习称为公民政府课程,包含在历史教育中,提倡学校将抽象的政治理论概念与具体的历史事件相结合进行教学。至此,附属于历史教育的公民学教学开始出现。

二、附属于社会科体系中的单独课程

截止 1890 年,在强化民族主义、国家主义的教育中,公民教育成了美国教育思想的核心观念之一,美国加强了对公民教育的重视。但对于公民教育是学校教育的一般目标,还是教育的主要目标这两种不同观点,学者仍存在争论。② 这一时期,占据美国基础教育课程核心的是历史课,它承担着历史教育和公民教育双重职责。

美国传统历史学家主张,历史课程是中小学课程的学习重点,通过学习美国历史、世界历史,并融合政治权力、政府机构等相关知识,帮助学生了解美国政治制度,在增长知识,锻炼思维的同时,为他们提供一种认识世界的整体视角。由此可看出,历史课程的首要目标是学习国家和民族的基本史实,了解美国政治和社会合法性的历史渊源,在此基础上理解美国的政治文化,即公民教育是历史课程的附属产品。

在麦迪逊会议确定的历史课程大纲中,公民学知识主要以附属于历史课程的

---

① 刘传德,许华. 美国的历史教学[J]. 史学史研究. 1997(01):76.

② David Warren Saxe. Social Studies in Schools: A History of the Early Years[M]. Albany: State University of New York Press. 1991:7.

形式存在。其中涉及公民和政府的知识被称为公民政府,它强调对美国基本政治知识的了解,提倡将抽象的政治理论和概念与具体的历史相结合进行教学,通过历史学习渗透国家意识形态和价值观念。传统历史学家主张公民和政府知识应该和历史课程一起学习,两个学科应该一体化。著名的美国历史协会七人委员会建议为学生开设一门称之为"美国机构"的课程,学习国家的法律、政治理论和实践,将联邦系统、殖民地遗产、州和地方政府的分工合作、宪法等国家历史的学习与其融合。七人委员会认为,政治理论的抽象概念应被应用于具体的情景(反之亦然),使美国历史和公民政府成为教育过程中的共存伙伴。①

随着进步主义思潮的出现,人们希望教育能更具社会效率,能解决当时社会上剧增的青少年犯罪问题,但是许多学校不具备足够的财力、人力提供上述历史课程大纲所需的教学条件,无法提供完整、系统的古代史、欧洲史、现代史课程。因此,人们开始反思历史课程的成效。传统历史学家希望通过改良的办法来维持历史课程的地位,他们的反思包括:历史课程并没有将历史的目标转向适应国家的需求,针对新移民的"美国化"需求;不允许新移民同化到美国主流思想和价值观中;公民政府课程并没有得到足够的重视和课时。但进步主义思想倡导者的批判更为激烈,他们认为历史课程并未反映"公民态度、理想或知识",也没有为学校课程的其他研究贡献"本质或有价值的要素";没有认识到公民教育的价值等。②

1916 年,社会科委员会发布《中等教育中的社会科》报告,在国家层面将"社会科"一词界定为历史、公民学、地理等领域课程的总称,正式纳入中学课程体系。在其建议的课程大纲中,公民学课程取代了历史课程中的公民政府模块,而且课时比重显著增大。委员会建议了两种课程大纲,地方政府可以根据实际情况酌情选择任一种开展教学。从课程设置可以看出,尽管高中阶段,历史课程仍然占据最主要地位,但公民学课程的学习时长明显增长,在初中阶段,公民学与其他学科课程所占课时基本持平,有取代历史课程的趋势。自此,公民学从历史课程中脱

---

① David Warren Saxe. Social Studies in Schools: A History of the Early Years[M]. Albany: State University of New York Press. 1991:68.

② David Warren Saxe. Social Studies in Schools: A History of the Early Years[M]. Albany: State University of New York Press. 1991:141 – 143.

离,作为社会科中一门独立的课程存在。

三、从非核心课程到核心课程

中等教育改革后,公民学开始以单独课程形式出现在学校教学大纲中。1949年,林伍德·威尼弗雷德(Tryphena Winifred Linwood,1908 - 1993)发文,首次论述公民学应该成为社会科体系中的核心学科①,但并未得到足够响应。这一方面是由于强大学科队伍的支持和学科传统的影响,更重要的原因来自国家培养合格公民的需要。20 世纪初,美国公民教育的主要目标是"去移民化",两次世界大战使得爱国主义教育成为前半个世纪的主流价值。历史学习可以帮助来自各个国家的移民融入美国文化,了解美国民主文化的源起;地理学习能让学生拓宽视野,在国际形势复杂的时代谋求生存,这是美国增长综合国力,应对国际国内局势的保障。因此,历史和地理仍牢牢占据社会科的核心地位。

冷战时期,受到社会主义意识形态的冲击,美国四十个州的宪法都提到学生公民素养的重要性,②新社会科运动也相应开发了一些公民学课程。但新社会科运动的戛然而止,越战和水门事件让公众丧失对传统政府机构和国家领导人的信心,公民学课程的时效性受到质疑,公民教育的说服力也大打折扣。这直接造成了 20 世纪 70 年代美国青少年群体中出现吸毒、暴力、辍学等一系列社会问题,以及国家学业成绩测试水平的下滑。1976 年美国建国的百年纪念活动,唤起了人们对构建国家社会和政治根基核心价值观的有形怀念。

20 世纪 80 年代后,国际局势发生了巨大改变。经济全球化浪潮和美国国内公民教育的低迷,让美国人对承载公民教育任务的社会科课程进行深刻反思,认识到尽管历史、地理和其他学科也可以增强学生对政府和政治的理解,但他们并不能取代公民学和政府课程对公民教育的持续、系统关注。与此相适应,持续了半个多世纪的主流课程模式和教科书都必须要进行重大改变。

---

① Tryphena Winifred Linwood. Civics as the Predominant Subject to be Handled in the Social Studies[D]. Prairie View A & M College, 1949.

② John Doyle and Stephen C. Shenkman. Revitalizing Civic Education:A Case Study[J]. Florida Bar Journal 80,2006(10):31.

在《2000 年目标:美国教育法》中明确规定,将与民主相关的政治文化传递给青少年尤为重要,公民学与政府课程应成为学生满足毕业条件的必修科目。同年,全美社会科协会发布《卓越的期望:国家社会科课程标准》,罗列了该类课程学习的框架性结构,指导各州公民教育课程教学。社会科课程标准以十大主题轴来组织各学习水平阶段教学内容。如表 2 - 4 所示,从学科角度出发,新的公民教育框架几乎涉及了人文社会科学的各大领域,而且公民学、政治科学的重要性得到凸显,跻身为社会科体系核心学科之一。

表 2 - 4　公民教育 10 个主题轴和各学科领域的关系①

主题轴	学科领域
1. 文化	地理、历史、社会学、人类学和文化学
2. 时间、连续和变迁	历史
3. 人、地方和环境	区域研究、地理
4. 个人发展和身份(认同)	心理学、人类学、社会学
5. 个人、团体和制度	政治科学、社会学、人类学、心理学、历史
6. 权力、权威和管理	政府、政治、政治科学、历史、法律、管理
7. 生产、分配和消费	经济
8. 科学、技术和生产	公民、政府、历史、地理、经济、自然科学、社会学
9. 全球性联系	地理、政治、文化、经济、历史
10. 公民理想和实践	历史、政治科学、文化人类学

随后,在教育部资助下,美国公民教育中心发布《国家标准》,以核心问题为线索,为幼儿园至十二年级的公民学/政府教学提供借鉴。目前,美国社会科评估、课程与教学联盟②(Social Studies Assessment, Curriculum and Instruction)与国家社

---

① 　参见丁尧清. 美国标准化运动中的社会科课程改革[J]. 外国教育研究 2002 年第 9 期和高峡. 美国公民教育课程的设计与内涵[J]. 全球教育展望,2008 年第 9 期。

② 　该联盟目前包含 21 个州或特区:亚利桑那州、阿肯萨斯州、科罗拉多州、华盛顿特区、佐治亚州、夏威夷州、爱荷华州、伊利诺伊州、印第安纳州、堪萨斯州、肯塔基州、缅因州、马里兰州、密苏里州、蒙大拿州、内布拉斯加州、北卡罗来纳州、俄亥俄州、犹他州、威斯康星州、怀俄明州。

会科协会,以及其他 14 个机构的社会科体系都以公民学、历史、地理和经济为基础,构建核心课程。其他各州中,有的核心学科不仅包含以上四门,如西弗吉尼亚州认定社会科的五个核心学科为公民学、经济、地理、历史和文化;有的核心学科少于以上四门,如阿拉斯加州认定的核心学科为政府/公民、地理和历史,将经济置于政府/公民课程中,历史学习又分为四个主题,其中一个主题为"个人公民资质、管理和权利"。但是,不论各州采用何种形式,截至目前,全国 50 个州和哥伦比亚特区都已经将公民/政府学或政治科学纳入核心课程体系中,给予足够重视。

美国学校的公民学课程,通过连贯、系统的教学与实践活动,帮助学生认同美国民主的基本价值观和原则,为未来知性、负责地参与政治生活做准备。课程的教学内容是美国政治体系和政治权力意志的体现,与特定时期主流政治文化相适应。政治文化是"一个政治体系的集体历史和现在组成这个体系的个人的生活历史的产物,它根植于公共事件和私人经历,并表现一个社会的核心的政治价值。"[1]因此,政治文化不仅能够呈现特定时期一个国家的精神面貌,还能彰显国民的政治态度和政治倾向,从而影响公民教育的发展。对公民学课程地位变化的历史梳理,表明不同时期美国主流政治文化是公民教育课程的主要内容,公民学课程是政治文化传承的方式和手段,将符合政治体系和政治权力的政治价值观灌输给全体公民。美国学校公民学课程从附属课程发展为独立课程,从社会科体系中边缘课程发展为核心课程的嬗变过程,既体现着经济和社会发展需求,也集中体现了政治体系和政治权力的意志,是不同历史阶段美国政治文化变迁和培养公民的需要共同作用于公民教育的结果。纵观公民教育的发展史,教育理念和实践的发展本质上是国家的价值主导功能不断强化,公民教育有效性不断提升的过程。宏观上政治文化通过价值取向的渗透全方位影响公民教育的发展,既为公民教育提供了条件,又规定了基本内容和价值取向;微观上公民教育积极响应政治文化的流变,通过教育改革的方式调整教育理念、教育目标和实践方式,有组织、系统化地传播、维持和发展政治文化,最终服务于美国资本主义民主政治。

---

① 格林斯坦,波尔斯比主编. 政治学手册精选(下)[M]. 北京:商务印书馆,1996:231.

第三章

美国公民教育课程标准的产生及法律与理论基础

　　1994 年,美国公民教育中心颁布的《公民学与政府国家标准》是迄今为止美国历史上第一个,也是唯一一个国家层面的公民学课程指导纲要。它指出《国家标准》致力于帮助学校培养有能力、负责任的公民,这些公民应对维护和改进美国民主体系必不可少的基本价值观和原则具备理性承诺。该课程标准诞生于国家标准化运动中,构建于法律和公民教育理论的根基之上。

第一节　《国家标准》的颁布背景

　　美国宪法规定各州享有处理本州事务的权力,这种政治体制奠定了整个国家的教育分权制度。但 20 世纪 90 年代初,美国却先后颁布了公民学、地理、历史、社会科等一系列国家层面的课程标准。在一个典型的教育地方分权国家,全国性学科课程标准得以成行必然经历了曲折的发展过程。早在二战结束后,因为对国防教育的重视和冷战时期对教育产业化的特殊要求,教育就开始带有渐浓的国家意识。随后,"婴儿潮"一代群体中出现的道德缺失和政治冷漠等现象,促使联邦政府加强了对教育的干预和管理。《国家标准》的形成和颁布,便是社会经济、教育改革、国家政策、社会机构等因素共同作用的产物。

一、《国家标准》的社会经济成因

　　生产力与生产关系,经济基础和上层建筑的基本矛盾是社会发展的根本动力,而生产力是社会基本矛盾运动中最基本的动力因素,是人类社会发展和进步的最终决定力量。《国家标准》制定的最终原因,不能脱离美国社会经济发展与社会转型的时代背景。二战后,美国积累了丰厚的物质基础,形成了军民结合、教育科技结合的经济发展模式,其有利的地理环境、发达的经济和高速发展的科学技术吸引了大批外国知识分子和其他优秀人才。这些因素使得美国首先开始了第三次科技革命,并迅速辐射扩散到其他国家。1970 年,美国白领工人与蓝领工人的比例超过了 5:4。[1] 到 20 世纪 70 年代末,世界各主要经济发达国家的第三产业生产总值在国家生产总值中所占的比重及第三产业就业人口在全国就业总人口中所占比重,均已占一半以上。这次以信息技术、原子能等高新技术为代表的科技革命不仅推动了美国社会生产力的空前发展,也引起世界经济结构和格局的变化。

新的经济体系下,知识和科学技术被广泛应用于解决经济和社会问题,知识密集、技术密集型新兴产业出现并成为国民经济的主体,原有的劳动密集型产业开始向国外转移。根据美国科学家估计,20 世纪 70 年代以来,美国国民生产总值的增长约有 40% ~50% 是依靠科技进步取得的。[2] 知识,取代了其他一切要素,成为经济发展的核心。作为知识传递的最重要手段,教育在个人和社会发展中的基础性作用得到凸显。与此相对应,当时美国的基础教育虽然经历了几次改革,但并未取得良好的成效。由于实用主义思想的影响,美国只有 25% 的人接受了完整的中等教育,大部分人从来不学习几何、地理、化学或外语,只必修英语、社会科(主要是美国史)和物理,其余时间都用于学习应用学科,例如,家政、驾驶、护理、化妆等等[3]。整个国家开始意识到,培养受过良好教育,掌握一定知识和技能的年轻人,成为经济发展和国家繁荣的保证。

---

① [美]丹尼尔·贝尔. 后工业社会的来临——对社会预测的一项探索[M]. 高铦等译. 北京:商务印书馆,1984:23.

② 林京耀,陈荷清. 科学——改变世界的主导力量[M]. 南京:江苏人民出版社,1989. 81.

③ Kadriya Salimova and Nan L. Dodde. International Handbook on History of Education[M]. Orbita, 2000:541. 转引自方晓东,李新翠. 美国构建国家基础教育质量监测评价体系的尝试——实施国家教育进展评估[A]. 纪念《教育史研究》创刊二十周年论文集(17)[C]. 2009.

与此同时,科技革命也加速了全球化浪潮,跨国企业的建立,区域合作的开展,使国家之间的距离拉近。而经济领域的全球化必然会带动政治、文化和教育领域的全球化,各个国家以及各国人民已经生活在一个紧密联系的世界。教育,作为反映社会需要的一种知识传播方式,也需要满足新时代和新环境的需要。但是,受到美国社会个人主义文化的影响,学校中以学生个人为中心,追求利己主义,枪击、酗酒、吸毒等现象泛滥,个人责任意识淡薄。

缺乏系统的基础教育,以及道德的缺失,对基础教育培养新经济环境下具备竞争力的公民这一目标提出了巨大挑战。只有进行彻底革命性的基础教育改革,才有可能为国家经济和社会发展的目标服务。教育改革不仅成为一种社会需要,更成为一种国家意识层面的需求。

二、基础教育领域课程改革

由于美国公众对教育成效的普遍质疑,1981 年 8 月,时任美国教育部部长特雷尔·贝尔(Terrel H Bell,1921 – 1996)创建了国家高质量教育委员会(The National Commission on Excellence in Education)[①],让其负责调查美国基础教育质量。该调查历时一年半,1983 年 4 月,国家高质量委员会发表《国家处于危险之中》的报告,试图指出美国教育中出现的问题,并提供解决方案,倡导一种公平和高质量的教育。

《国家处于危险之中》的报告指出"我们的国家处于危险之中。我们一度领先的商业、工业、科学和基础创新,已经被世界各国的竞争者赶上"。它列举了一系列证明教育危机的事实,如"以最简单的日常阅读、写作和理解进行测验,约 2300 万美国成人属于文盲水平";"17 岁的美国人中,约 13% 是文盲,少数民族群体中这一比例高达 40%";"高中学生在大多数标准化测试中的平均成绩,低于 26 年前人造卫星发射时的水平";"美国大学理事会(The College Board)的学术倾向测试

---

① 1981 年,时任美国总统里根授权当时的教育部长贝尔组建"美国高质量教育委员会"调查美国教育现状,该委员会经过历时 18 个月的调查,于 1983 年发布了广为人知的《国家处于危险之中》报告。

（Scholastic Aptitude Test,简称 SAT）①显示,从 1963 年到 1980 年学生成绩处于直线下降。其中词汇部分的平均得分下降超过 50 分,数学部分的平均得分约降低 40 分"②等。这个报告引发了广泛反响,美国社会再次聚焦教育,进行了 20 世纪最彻底、影响最深远的一次基础教育改革运动。

　　一项关于公立学校教育质量的调查显示,超过 75% 的受访人士认为,每个计划读大学的学生应该学习 4 年的数学、英语、历史（或美国政府和科学）知识,超过 50% 的人认为还应多学习 2 年的外语和经济（或商业）知识。③ 这个期望值已经远远超过了当时所有州的高中毕业标准,高于许多著名大学的入学标准。教育改革不仅是一种社会和国家需要,而且已经内化到人们的思想行为中。所以,统一核心课程,制定课程标准以及建立相应的课程评价体系成为改革的主要内容。④

　　面对青少年群体中层出不穷的负面问题,教育界也开始对肩负学校公民教育使命的社会科课程进行全面分析和反思,包括为社会科建立新的内容范围和学习顺序,重新审视社会科中价值指导的目标。这主要基于两个原因,一方面是为了适应新时代的要求,必须对课程进行整合,减少或删除时效性低的课程内容,增加新的知识点,让既定学科教学更有效;另一方面则是由于社会科体系内部各学科和主题间联系松散,需要重新组织和调整框架。社会科聚焦公民资格的这一特性,使这门学科实质上比其他学科能更加迅速的反映社会需求。这一时期的社会科改革主要有三个方面的趋势:法律相关知识研究、经济教育和工作环境、国际教

---

① 美国大学理事会成立于 1900 年,前身是美国大学入学考试委员会（College Entrance Examination Board）,是美国最大的非政府性教育组织,为高等教育机构提供学术能力评估测试（Scholastic Assessment Test）,也曾称为学术倾向测试,俗称"美国高考",该测试成绩是申请美国大学和奖学金的重要参考。

② Gardner, David P. A Nation at Risk: The Imperative for Educational Reform. An Open Letter to the American People. A Report to the Nation and the Secretary of Education[R]. National Commission on Excellence in Education (ED), Washington, DC. 1983.

③ Gardner, David P. A Nation at Risk: The Imperative for Educational Reform. An Open Letter to the American People. A Report to the Nation and the Secretary of Education[R]. National Commission on Excellence in Education (ED), Washington, DC. 1983.

④ 孙锴. 美国基础教育全国课程标准的社会形成研究[D]. 东北师范大学,2005.

育或全球教育。① 但是,这种改革并没有否定历史的重要性,而是让历史学习落脚于当时培养具备全球视野的现代公民,以及经济的高效产出者这一实际需要。公民教育课程再次成为社会科改革的焦点,人们认识到,就如只有学习历史才能理解现代社会,并对未来做出正确判断一样,只有系统地学习公民学和政府知识,全面了解美国政治和宪政制度,政府组织的运作,公民的法定权利与义务等知识,才能更好地了解美国社会,理解政府决策,明了个人所受的法律保护,对社会事件做出判断,并有选择地参与国家的政治、经济、文化生活。

社会科课程改革前,美国国家教育进步评价(NAEP)分别于 1969 年,1976 年和 1982 年对 9 岁、13 岁、17 岁三个年龄段的中小学生进行过三次全国性评价,均把公民学作为社会研究学科的一部分进行测评。1988 年,NAEP 开始单独进行公民学评价,更加细致的针对《公民学:美国政府和政治学》②这门课程进行学业水平测试,公民学课程的重要性可见一斑。

三、《国家标准》的政策支持

《国家处于危险之中》报告是时任教育部长贝尔负责指导的教育质量调查研究成果,报告面向全体美国人发布。调查结果在政策制定者、学者、教师、家长、教科书出版商中产生了巨大反响,改革的措施也相应出现,如 1985 年出台的《2061计划——美国人的科学普及》(Project 2061 – Science for All Americans)③,计划加强科学教育,把科学普及作为中小学的教育目标。1988 年 4 月,教育部长威廉·贝内特(William J. Bennett)向总统里根提交了一份《关于美国教育改革的报告》(American Education:Making it Work),回顾并总结自 1983 年以来美国教育领域的改革情况。

---

① 　Howard D. Mehlinger and O. L. Davis, Jr. The Social Studies. Eightieth Yearbook of the National Society for the Study of Education[M]. University of Chicago Press. 1981:16.

② 　1988 年的 NAEP 调查发生在《公民学与政府国家标准》制定前,所测评的课程《公民学:美国政府和政治学》是当时一门比较普遍的课程。

③ 　《2061 计划》启动于 1985 年,是美国促进科学协会联合美国科学院、联邦教育部等 12 个机构制定的一项面向 21 世纪的中小学课程改革工程,体现了当时美国基础教育课程改革的期望与趋势。

1989年,乔治·布什(George Herbert Walker Bush)总统在弗吉尼亚州的罗茨维尔(Charlottesville,Virginia)召集各州州长,举行了美国史上第一次教育峰会,商讨改进教育的方法和措施,提高中小学教育质量成为会议的主要议题。会议共确定六项国家教育目标:(1)所有适龄学生必须上学;(2)全国高中毕业率至少达到90%;(3)学生必须学习英语、历史、地理、外语和艺术;(4)美国学生必须在数学和科学上达到世界领先;(5)所有人具备基本读写能力;(6)所有学校必须去除毒品①,用以指导州和地方的教育改革。这代表着各州在教育主权上对联邦政府的妥协,使得制定超越各州的全国性课程标准成为可能。1990年3月,全国州长会议发表声明:"(所有学生)必须理解和接受公民的责任与义务"。② 新世纪的"公民标准"成为布什政府的教育目标之一。大会闭幕后成立了全国教育目标专门小组(the National Education Goals Panel)③,跟进联邦政府和各州在中小学教育改革中所做的努力,并以报告等形式总结和发布各地进展状况。

全国教育峰会后,联邦政府在教育决策中的作用增强。1991年,联邦政府颁布《美国2000年教育战略》,确定了全国州长会议上达成共识的全国教育目标,其中目标3要求"美国的每所学校都要确保学生个个学会动脑思考,以使他们为做有责任的公民、进一步学习以及在现代经济社会中成为高效的雇员,做好准备";目标5要求"到2000年,每个美国成年公民都……具备参与全球经济竞争的能力以及履行公民权利和义务所必需的知识和技能。"④而且,它还建议国会、教育部等部门,成立"教育标准与测试委员会"(National Council on Education Standards and Testing),指导建立国家教育标准,以及统一的学生考试体系。

1994年,美国国会通过《2000年目标:美国教育法》,从法律上确定了学校的

---

① The National Education Goals:A Report to the Nation's Governors.[EB/OL].http://govinfo.library.unt.edu/negp/reports/99rpt.pdf.1990.

② Higgenbotham,M.ed.What Governors Need to Know About Education Reform?[M].Washington,DC:National Governors Association.1995.

③ 美国全国教育目标专门小组成立于全国教育峰会次年,目的是报告全国完成教育峰会目标的进展情况。《2000年目标:美国教育法》正式赋予其法律地位,要求它每年报告教育进展。2000年,NCLD法案正式生效后,该小组使命终止。

④ 参见陈光辉,詹栋梁.各国公民教育[M].台北:水牛图书出版事业有限公司,1998:115-116.

公民教育使命。该法案采用了 1989 教育峰会上达成的共识,进行修改和增补,编撰了 8 项国家教育目标,并成立"国家教育标准和改进委员会"(National Education Standards and Improvement Council),负责国家标准的制定,包括选取恰当的学科,制定"世界水平"的评价标准,这为各科目课程标准的制定提供了法律支持。其中,公民学与政府课程,作为联邦政府支持的科目之一,也被要求将课程内容和学生学习目标具体化,并预期到 2000 年时,所有学生应达到课程标准所规定的水平。

值得指出的是,尽管社会科课程,作为一个综合课程体系,并未在法案规定的科目中被提出,但在政府要求制定全国课程标准的科目中,包含英语、数学、外语、公民学和政府、经济、艺术、历史、地理七门课程,其中公民学、经济、历史和地理四门单独学科,都属于社会科伞状体系的核心构成。所以,美国社会科协会在联邦政府的支持下,也组织了社会科国家课程标准的研制。与单独的学科课程标准相比,社会科课程标准试图按照一定逻辑顺序将各学科知识相串联,使之成为一个有机整体。

四、公民教育社会机构的努力

1991 年,为了落实《美国 2000 年教育战略》制定全国性课程标准的要求,联邦教育部组织专门座谈,确定各学科标准制定的方式:联邦提供资助和指导,由在全国具有代表性的学科专业团体或研究机构具体主持,在有关方面的广泛参与下,制订各学科课程的全国性标准。[①] 在"国家教育标准和改进委员会"的组织指导下,各门学科由相关机构负责执行,在全国范围内组织专人对学科进行全面权衡,细化学习内容,量化学生成绩,经审查后在全国发行,作为各州各地区该课程教学的指导性意见。

在美国公民教育领域,美国社会科协会和美国公民教育中心是两个相当有影响力的社会机构。前者侧重通过社会科课程体系来进行中小学公民教育,后者则具体的针对公民学课程,致力于公民品德、公民参与、公民知识和智力技能的

---

① 柯森. 美国 90 年代的课程改革[J]. 课程·教材·教法,1997(2).

培育。

美国公民教育中心创建于 1964 年,总部在洛杉矶,起源于 1964 年加利福尼亚大学洛杉矶分校的公民教育跨学科委员会(The Interdisciplinary Committee on Civic Education),1981 年成为独立的非政府组织,现在已经成为美国公民教育的重要"智库"。该中心是一个独立的非党派、非营利性教育组织,自成立以来一直致力于公民学课程的研究和开发,任务是培养致力于美国民主原则,积极参与民主实践的知性、负责公民。跨学科委员会早期从事权利法教育活动,1969 年新社会科运动时期,受加州律师协会(the State Bar of California)①所托,负责开发一个国家人文基金会(National Endowment for the Humanities)资助的公民教育课程项目,关注权利、责任和隐私等立宪政府的基本概念。1987 年,基础教育改革时期,联邦教育部依法资助公民教育中心,启动"我们的人民——宪法和人权法案两百年之争"项目(We the People…National Bicentennial Competition on the Constitution and Bill of Rights),即现在的"我们的人民:公民和宪法"项目,致力于帮助学生了解美国宪法、人权法案及其所包含的原则,了解生活在美国民主体制下所享有的权利及应履行的义务,培养学生的公民能力和公民责任。

20 世纪 90 年代初期,公民教育中心已经成为公民学领域颇具影响力的社会机构。它通过制定基础教育阶段学生所需的教材,在国家、州和地方层面,提供公民学与政府课程的学生发展项目,并进行学生公民学课程学习研究与评估,在公共政策的改进和实施方面发挥着领导作用。因此,美国教育部下属教育研究与发展办公室和皮尤基金会共同资助美国公民教育中心,研发公民教育全国性课程标准。

《国家标准》的研制工作在公民教育中心的指导下启动。全美 50 个州都建立了审查委员会,大约有来自 3000 个学校等教育单位的个人和团体参加了为期两年的学科讨论,先后举办了超过 150 次听证会和公开讨论,有超过 1000 位从事课堂教学的教师参与研制工作,并收到相关教育者、学者、家长、行政人员提供的批评性意见,甚至有来自其他国家的公民教育从业人士提供了有益经验和见解。

---

① 加州律师协会,成立于 1927 年,所有成员都是法庭成员,服务于加州最高法院,属于政府司法体系内的一个公共机构。

1994 年,在经过广泛、激烈的讨论后,《国家标准》颁布。在标准推行的过程中,一些国家机构,如美国律师协会(the American Bar Association)①、美国教师联盟(the American Federation of Teachers)②等通过多种形式告知其成员该标准的重要性,并支持国家标准的发行,超过 33000 份副本被发放到国会成员、政府官员、州议员、学校董事会主席和媒体等相关人员手中。为了更好地普及,公民教育中心允许公众在网上免费阅读该文档,并允许教育机构非营利性质的复印和使用该文件。随后,该标准被翻译成中文、俄文和西班牙文等译文精简版③,提供给国外教育机构。因此,《国家标准》颁布后不久,便为公众所知,率先在部分地区试行使用,一些州也考虑将其用于指导地方的公民学课程教学。

《国家标准》诞生于第三次科技革命带来的全球化浪潮中,当时美国政治、经济、社会格局发生变化,基础教育学校改革涉及范围广,波及影响大,公众呼吁建立国家统一的课程标准。它是教育标准化运动延伸到公民教育领域的成果,是美国历史上第一个关于公民学课程的国家规范性文本。虽然在教育分权体制下,该文本并不具备法律上的强制执行力,但它实际上对 20 世纪末 21 世纪初各州、各地区公民学课程标准的制定产生了极大影响。

第二节　公民教育课程标准的法律依据

一、美国联邦宪法依据

美国建国初期,当大多政治学家的视野还局限于政治和法律等领域时,有"中

① 美国律师协会,成立于 1878 年,是美国律师的全国性组织,致力于提高律师素质,加强司法管理,加强成员间的交流等。
② 美国教师联盟,成立于 1916 年,现在在全美拥有超过 3000 个附属机构约 150 万教师成员。
③ 美国公民教育中心 2002 年年报中指出《公民学与政府国家标准》有中文译文,但在笔者所检索的所有国内公开出版书籍与文件资料中,并未寻找到中文版本。原因可能有两个,一是美国公民教育中心与我国教育部教材中心和部分省市有合作关系,中文译文版仅作为内部资料交流使用,并未公开发行,二是中文译文版在台湾、香港等地区发行,并未进入内地市场。

小学教育的开拓者"①之称的托马斯·杰斐逊却已经将目标投向了教育。1776 年通过的《美国独立宣言》中(United States Declaration of Independence)②,他曾鲜明地提出政府应该推行公共教育,因为只有教育才能使人民将公共利益置于私人利益之上。作为一名政治家,他主张教育是防止国家暴政,实现政治民主的重要手段;作为一名教育家,他主张国家应该创办普及的、免费的义务教育;作为一名律师,他积极通过寻求立法来推进基础教育的"国家化"。③ 在美国宪法颁布前,他曾起草了诸多教育法案,如《进一步普及知识的法案》(Bill for the More General Diffusion of Knowledge)、《弗吉尼亚宗教自由法案》(The Virginia Act for Establishing Religious Freedom)、《建立公立小学制度的法案》(The Elementary School Act)、《公共图书馆法案》等,试图推进教育的国家化、义务化。其中,杰斐逊在1777 年起草的《弗吉尼亚宗教自由法案》中,提出了政府与教会分离的原则,是教育与宗教相决裂的促进因素。这一法案不仅在北美各州影响深远,也成为美国宪法第一修正案创设条文的基础和重要参考。

　　1787 年,美国联邦宪法颁布,它是世界上第一部成文宪法,奠定了美国社会的法律基础。此后,宪法也以修正案形式进行了补充和完善,但联邦宪法中没有任何专门针对教育的条文,也并未赋予联邦政府教育立法权以及与教育有关的责任和义务。这一定程度上源于宪法的权力保留约定,也与制宪者承袭殖民地时期欧洲家庭教育观念,认为教育应属于家庭而非国家的责任有关。家庭对孩子的教育权,被默认为家长的基本权利。虽然这一权利并未在宪法中明确,但法院在判决教育案件时对这一权利进行了认定(详见本章第二节第三部分"判例法渊源"部分内容)。

　　尽管联邦宪法并未专门提及教育,但其中某些条款对教育以及公民教育的发展起到了重要的作用。

---

① 滕大春. 美国教育史[M]. 北京:人民教育出版社,2002:298.
② 1776 年 7 月 4 日,第二次大陆会议批准杰斐逊起草的《独立宣言》,北美 13 个英属殖民地宣告独立。
③ 林玉体. 美国教育思想史[M]. 台北:九州出版社,2006:111.

宪法第一修正案①规定国会不能确立国教,确保宗教信仰自由,确立了政教分离的原则,这是美国教育去宗教化的重要依据。建国前期和初期,公共教育体系不完善,教会的神职人员成为开展教育的重要力量。教会甚至自己开办学校,在进行宗教教育的同时,教授识字、阅读等基本知识。当时比较有影响力的学校有:加尔文派创办的哈佛学院(1636 年,马萨诸塞州,现哈佛大学),圣公会创办的威廉·玛丽学院②(1693 年,弗吉尼亚州),公理会创办的耶鲁学院(1701 年,康涅狄格州,现耶鲁大学),长老会创办的新泽西学院(1746 年,新泽西州,现普林斯顿大学),浸礼会创办的罗德岛学院(1764 年,罗德岛,现布朗大学)等等。政教分离,指政府和教会两大机构的分离(政府的范围最开始仅局限于联邦政府,后来扩展到州政府),要求政府不干涉宗教的发展,允许信仰自由,不在公立学校公然倡导某一宗教,从而在“政”和“教”之间确立一堵分离之墙。当然,由于美国深厚的宗教文化,政治和宗教不可能做到完全分离,直到 20 世纪,宗教在教育体系中的影响才逐渐减弱。这种特殊社会底蕴孕育了一种相对特殊的公民教育方式——公民宗教。美国公民宗教是美国宗教和政治特定关系的产物,是美国宗教意识形态和政治意识形态的重要组成部分。③ 它借助宗教情感、习俗信仰表达社会理想、民族精神和政治信仰,是美国公民教育的有效载体。

宪法第十条修正案④规定,宪法没有授予合众国(包括国会和联邦政府)的权力,和禁止各州行使的权力,都由各州保留。按照这一权力列举和保留的约定,联邦政府只拥有宪法中列举出的有限权力,而教育权因并未被列举所以保留归州政府所有。此后,政治家和教育家进行了一系列的游说,使这种情况得到一定改善。譬如杰斐逊呼吁,“世界上每一个政府都表现出人类缺点的某种痕迹……任何一个政府,如果单纯委托给人民的统治者,它就一定要退化。因此,人民本身是政府的唯一可靠的保护者,为了使他们可靠,就必须在某种程度上增进他的智慧。这

---

① 宪法第一修正案于 1789 年 9 月 25 日提出,1791 年 12 月 15 日批准,宪法前十条修正案被称为美国《权利法案》。
② 威廉·玛丽学院是美国历史第二悠久的大学,乔治·华盛顿、托马斯·杰斐逊等四位美国总统毕业于该校。
③ 聂迎娉. 美国公民宗教及其在公民教育中的作用研究[D]. 中国地质大学,2011.
④ 参见美国宪法在线网:http://www.usconstitution.net/xconst_Am10.html

固然不是唯一必要的办法,但基本上是必要的办法。我们的宪法必须增加一项补充条款在这方面来帮助学校教育。"① 1862 年,联邦政府开始向高等教育提供财政资助;1867 年,联邦政府建立美国教育办公室(the United States Office of Educa-tion)②;而且通过法院对教育案件的判定,联邦政府可以不用修改宪法,将未写入联邦宪法的教育权列为一项法定权利。

宪法第一条第八款③中规定国会有权征收所得税、关税、进口税与消费税,以偿还国债,提供国家共同防务与公共福利,但所征各种税收、关税与消费税应全国统一。这条征税条款也被称为"公共福利条款"。该条款还规定国会有权制定为了贯彻执行所列权力和由宪法授予合众国政府或其任何部门或官员的一切其他权力所必要而适当的各项法律。不同的政治家对这个条款理解存在争议:以詹姆斯・麦迪逊(James Madison,1751 – 1836)为代表的学者认为"公共福利"将国会征收和支出税收的权力限定在宪法所列出的事项;以亚历山大・汉密尔顿(Alexan-der Hamilton,1757 – 1804)为代表的学者则认为"公共福利"授予国会为了公共福利而征收和支出税收的权利。这一争论一直存在,但汉密尔顿的观点最后得到最高法院的支持,国会可以向公共教育征收税收和支出税款,即这两个条例规定了国会的教育隐性权力。④ 这种隐性权力自 20 世纪中后期以来被广泛应用,《国防教育法》和《中小学教育法》(Elementary and Secondary Education Act,1965 年)⑤先后颁布,国家标准化运动更是凸显了联邦政府对教育的全面干预。

通过以上条例,联邦宪法建立了教育分权的制度。这一方面体现在联邦政府和州政府的权力分配中,将教育权赋予联邦州政府主要源于早期欧洲的传统,但却一定程度上避免了国家行政直接参与各州水平参差不齐的学校教育,同时,对国家隐性教育权力的保留给国家教育调控和指导预留了适当空间,这奠定了现今

---

① 菲利普・方纳. 杰斐逊文选[M]. 王华译. 北京:商务印书馆,1963:78.

② 1980 年在该办公室的基础上,成立美国教育部(the Department of Education)

③ 参见美国宪法在线网:http://www. usconstitution. net/xconst_A1Sec8. html

④ 宪法第一条第八款国会的隐性权力说借鉴了朱旭东,李卫群. 美国联邦政府干预教育的几个理论问题分析[J]. 比较教育研究,1999(04).

⑤ 美国《中小学教育法》,也称为《初等中等教育法》,是美国总统林登・约翰逊"伟大社会"计划在教育领域内的法律成果,开启了联邦政府大规模资助中小学教育的先河。

联邦政府指导下各州教育灵活自由发展,各具特色的格局。另一方面,教育分权体现在立法、行政和司法三权分立原则中。教育立法赋予了政府教育行政管理职责,教育行政机构负责教育立法的具体实施,教育司法则保证教育相关主体依法行使权利和履行义务,这也是美国教育立法具有连续性的基础。基于这样的制度与权力分配,立法机构、政府机关、联邦法院、政治家、教育家等各主体肯定了教育的重要性,奠定了教育的宪法基础。

二、美国教育法令法规依据

美国联邦宪法及《权利法案》(Bill of Rights)①将教育权赋予各州后,19 世纪三十年代开始兴起了"公立学校运动",各州制定教育法,设立教育委员会,开展基础教育,基本上形成了联邦政府引导,州政府资助和管理,地方学区自主开展的公立教育模式。

二战后,由于与苏联竞争的需要,汉密尔顿关于宪法第一条第八款公共福利条款的阐述占据上风,国会将教育囊括于公共福祉中开始了国家全面干预教育之路。苏联人造地球卫星发射成功后,美国国内开始对教育进行反思。1958 年,《国防教育法》②颁布,共 10 章,核心思想是调整学校的教学和培养目标,加强基础学科教育,为未来培养科技人才。法案第三条规定国家为加强自然科学、数学、现代外语和其他重要学科的教学而提供财政援助。1958 年到 1962 年间,联邦政府对普通公立学校教学的拨款达 8 亿多美元,资助学科包括外语、数学、自然科学等。1964 年,公民教育也被列入国防教育资助项目中。该法案指出为了应对国家安全,各级政府必须承担资助公共教育的责任,州政府被赋予主要责任,在此基础上,联邦政府对于有利于增强国防实力的教育方案给予援助,被誉为"美国教育史上划时代的文献"。为了实施这一法案,联邦政府组织学者为中小学编写新教材,把现代科学研究成果、发明和创造充实到教材中,促进了中小学教学改革。随后,中小学课程改革运动发展起来。

---

① 美国《权利法案》指美国第一至第十宪法修正案,于 1791 年通过。
② 在 1998 年《美国法典》中,《国防教育法》被归纳在第二十《教育法卷》中,属于教育立法,而非国防立法。

1965 年,美国总统约翰逊签署《中小学教育法》,旨在通过促进教育机会均等和改善学习条件,增加学生受教育机会,提高学生学习水平。法案的主要内容包含为贫困家庭提供补偿教育服务,为贫困学区提供经费补助,在各地设立教育辅助中心,加强对各州教育机构的指导等内容。当时的众议员约翰·威廉姆斯(John Williams,1891－1980)谈及这个法案时说道"这个法案……只是个开端。它蕴含了首个联邦教育体系的种子……绝对肯定的是,联邦政府控制的洪流就要席卷全国"。① 这充分肯定了这部基础教育立法的里程碑意义,它不仅开启了联邦政府全面、大规模资助中小学基础教育的先河,也使联邦政府在教育体系中的职能发生转化,开始成为教育资源的提供者。法案颁布后,联邦政府提供地教育经费在教育总经费中的比例从 1965 年的 8% 上升到 1985 年的 16%。② 而且法案颁布后历经多次修改,沿用至今,初步奠定了美国基础教育的基调。

受到这两个法案的影响和民权运动的发展,20 世纪 60 年代,新社会科运动在美国兴起,全面地开发公民教育课程大纲和课程教材,以指导中小学公民学课程教学。表面上看,这是由于美苏竞争格局下增强国力,保持世界霸主地位的需要;实际上,这是由于教育在美国政治、经济、文化和军事等方面发挥的作用越来越突出,社会发展需要联邦政府强势干预教育的必然结果,它标志着美国教育政策的转变。而且,源于冷战背景下的公民教育课程开发,是主流政治文化全方位影响公民教育的结果,客观上使公民教育不能脱离国内外局势,为公民教育中注重全球意识教育作了深厚的铺垫。

20 世纪 80 年代,《国家处于危险之中》的报告,引发了美国政府对教育期望、教学内容等问题再一次的深入反思。1990 年布什总统在弗吉尼亚州召开的第一次教育峰会,提出到 2000 年,教育改革应达到的六项目标,美国联邦政府开始成为中小学教育标准的倡导者。这次会议的召开,使各州默认了联邦宪法并未赋予联邦政府的教育权。

---

① Sundquist, J. Politics and Policy:The Eisenhower, Kennedy, and Johnson Years[M]. Washington, DC:Brookings Institution Press, 1968:215.

② Wright, D. Understanding Intergovernmental Relation[M]. Pacific Grove, CA:Brooks/Cloe, 1988:195.

为了确保教育峰会取得的成果,《美国 2000 年教育战略》于 1991 年颁布,以法律形式确定了包含公民教育在内的全国教育目标,倡导建立中小学的课程标准,先后批准并资助了 16000 多所学校进行改革。而后,1994 年颁布的《2000 年目标:美国教育法》,对原有六项教育目标进行了修订和增补,共确立了八项国家教育目标,并将教育目标视为基础教育改革的基石。其中与公民教育目标相关的有以下两项,如表 3 - 1 所示。为了落实教育法案的要求,国家层面的数学、公民学与政府、历史、社会科等课程标准相继颁布,用以为课程教学提供指导。这些国家教育目标的确定,直接奠定了包括公民学与政府在内公民教育课程制定的法律依据。

表 3 - 1　《2000 年目标:美国教育法》关于公民教育目标的描述①

目标 3:学业成绩与公民身份
到 2000 年,所有学生在离开 4、8、12 年级时,将完成包括……公民学与政府……等挑战性科目,以便为成为负责的公民、进一步学习和成为富有成效的雇员做好准备。 所有学生都要参与有助于提高公民素养、社区服务能力和个人责任感的活动。
目标 6:成人教育和终身学习
到 2000 年,每一位美国成人都能识字,并掌握必需的知识和技能……以履行公民权利和义务。

三、判例法依据

判例法(Case Law),也称为不成文法(Unwritten Law),指基于法院案件判决形成的具有约束力的法律规则。美国联邦最高法院和州级法院每年需要处理许多教育案例,按照遵循先例的原则,这些法院判决可以被援引于解释相应的联邦和州政府的教育法令和法规,是美国普通教育立法的派生和重要补充。1899 年,

---

① See generally Center for Civic Education. National Standards for Civics and Government[M]. California: Center for Civic Education. 1994.

埃尔希·克鲁斯(Elsie W. Clews)所著的《殖民地政府的教育立法和教育管理》①,是早期专门的教育法著作;1926 年开始制定的《美国法典》(United States Code)②,第二十卷设置为教育卷,比较系统地汇编了相关法律规定,供法官和律师引证。

美国判例法研究的最早著作出现于1933 年,牛顿爱德华兹出版了《法院与公立学校》③一书,此后,也相继出现了《法律与公共教育》④《学校法》⑤《教育政策的制定和法院:一种司法活动的实证研究》⑥等研究判例法的书籍。美国历史上出现过许多著名的教育案例,其判罚为保障学生受教育权、促进教育公平提供了判例法依据。

第一,麦芤纶诉教育局案(McCollum v. Board of Education,1948)。1940 年,在教育局许可下,一些犹太教、天主教和基督教教堂自发组织了"宗教宣传教育团",在征得家长许可的前提下每周对学生进行30 到45 分钟的宗教教育,其他学生则在教室学习非宗教课程。麦芤纶在允许孩子参加宗教学习小组的同时,起诉要求法庭禁止这个团体的活动。败诉后,最终上诉到最高法院,时任法官考虑到不同宗教派别在信仰上的差异,比如天主教认为教徒只有通过教会神职人员,圣徒才能与上帝沟通,新教却认为个人可以直接与上帝对话。而且美国最早期的新教徒大多源于欧洲宗教迫害而被迫离开,认为信仰是私人的事务,而学校是属于公共场所,政府作为公共事业管理机构应对上述行为予以禁止,所以法官认为教

① Elsie W. Clews. Educational Legislation and Administration of the Colonial Governments[M]. New York: Macmillan & Co,1899.

② 1926 年开始,美国人将建国以后国会的所有立法(不包括《独立宣言》《联邦条例》和联邦宪法)分类进行整理编撰,第一版仅有 15 卷,后经过不断修订,目前最新版本共有 51 卷与 5 个补充卷。

③ Newton Edwards. The Courts and the Public Schools: The Legal Basis of School Organization and Administration[M]. Chicago: University of Chicago Press, 1933.

④ Robert Rolla Hamilton, Paul R. Mort. The Law and Public Education, with Cases[M]. The Foundation Press, inc. , 1941.

⑤ William D Valente. Law in the Schools. Columbus[M]. OH: Charles E. Merrill Pub. Co. , 1980.

⑥ Michael A. Rebell, Arthur R. Block. Educational Policy Making and the Courts: An Empirical Study of Judicial Activism[M]. Chicago: University of Chicago Press. 1982.

育局允许宗教宣教团使用学校公共资源和设施违反了联邦宪法第一修正案中政教分离和第十四修正案的正当程序条款。此后,也出现学校要求学生做课前祷告等上诉案,均被判因违反第一修正案而违宪。这一判例具体地解释了宪法第一修正案这一条文,却不仅仅是对该法律条文的简单解释,还从司法角度再度确立了公民教育与宗教相分离的原则。相对于 18 世纪末,这一时期宗教对教育的影响力已经减弱,但也衍生出公民宗教的新形式。

第二,布朗诉教育局案(Brown v. Board of Education,1954)。20 世纪 50 年代早期,居住在堪萨斯州的琳达·布朗和她的姐姐必须要步行一英里再经过五英里车程到很远的黑人学院罗蒙小学上学,她尝试与离家几个街区的萨姆纳小学联系,争取入学资格时遭到拒绝,原因是萨姆纳小学是一所白人小学。当时该州法律允许人口较多的城市设置种族隔离的学校。在琳达·布朗的努力下,当地具有同样背景的家庭计划共同提起集体诉讼,要求学校停止种族隔离的政策,由于不满地方法院判决,该案上诉到最高法院。最高法院将与此类似的几个种族隔离教育案件一同审理,被称为布朗诉教育局案。在法院的审理过程中,法官将教育的本质和功能纳入考虑范围,认为受教育是公民的权利,提供教育是现代政府重要的功能之一,其目的是培养良好的公民。最后,联邦最高法院决定,种族隔离剥夺了黑人学生的入学权利,因违反了美国宪法第十四修正案中的"平等保护权"而违宪,这个判决不仅适用于堪萨斯州,而且在全国范围内同等适用。这是美国历史上具有标志性意义的诉讼案,它终止了美国社会中白人和黑人就读于不同学校的种族隔离现象,颠覆了"隔离但平等"的法律原则,中小学种族隔离的教育政策相继终止。

美国拥有以联邦宪法为根基的法律体系。在社会发展的不同阶段,教育立法随着社会环境和政治文化的变化有所区别。而且,美国法律众多,教育受到联邦宪法、州宪法、普通法、联邦和州政府政策、判例法等诸多法律因素的制约。通过分析可以知道,尽管在全国范围内并没有专门针对公民教育的法律出现,但在联邦、州法律体系,在立法、行政、司法体系中,都能寻找到公民教育课程的法律基础。特别是 20 世纪 90 年代,《美国 2000 年教育战略》和《2000 年目标:美国教育法》中关于国家教育目标的确定,成为《国家标准》制定的直接法律依据。

第三节 公民教育课程国家标准的理论基础

美国公民教育有着丰富的思想理论,尽管不同教育理论在美国历史上所发挥的作用和实践的深度广度不同,但它们分别形成于美国特定的历史时期,根植于当时的政治土壤中,与特定的政治文化相适应。早期的美国教育基本上延续欧洲传统,进行资本主义民主教育,之后逐步将欧洲传统与美国教育实际相结合,内化于美国民主教育中,教育理论借鉴与本土化发展并重,形成了道德教育理论、道德发展阶段理论、价值澄清理论、社会行动模式、政治社会化理论等,极大地丰富了美国公民教育理论体系。

一、欧洲古典哲学思想

欧洲文化源远流长,传统的公民教育可以追溯到古希腊罗马时期。随着希腊城邦的出现,公民观念产生,公民教育也相应出现。美国教育学家布鲁伯克认为,"希腊教育思想的具体体现是公民教育。希腊人认为,一个好的公民应该是在各个方面都得到发展的人。更重要的是,青年应该学习一个好公民所应具备的种种优秀品德,比如稳健、勇敢、高尚、公正。"[1]所以,古希腊被认为开创了公民教育先河,古希腊文化被视为欧洲哲学的主要缘起。早在两千多年前,柏拉图(Plato,B. C. 427 – B. C. 347)曾说"教育在其最高的意义上而言就是哲学"[2],美国教育学家杜威也曾说过,"哲学就是教育的最一般方面的理论"[3]。可见,作为系统的教育观,教育哲学源自对教育的理解和把握,期望通过对教育的理论思辨和教育实践指导来推动教育的发展。概括来说,对美国公民教育产生较大影响的传统哲学观点包括理念论、实在论和神学实在论。

理念论哲学的代表人物是古希腊哲学家柏拉图,他是欧洲第一位系统讨论公

---

① (美)约翰·S·布鲁伯克著,吴元训译. 教育问题史[M]. 安徽教育出版社,1991:4.

② (美)列奥·施特劳斯,彭刚译. 自然权利与历史[M]. 北京:三联书店,2003:导言. 81. 3.

③ (美)杜威. 民主主义与教育[M]. 王承绪译. 北京:人民教育出版社,2001:476.

民教育的哲学家。在《理想国》①一书中,他比较系统地阐述了其公民教育思想,包括教育目的、内容、本质和方法等内容。在他看来,世界可以被划分为可知世界和可见世界,可知世界是现象世界的来源,可见世界是对可知世界的反应,即意识决定物质。他主张教育在幼儿时期应侧重于培养儿童心灵向善向美的倾向,在初等阶段则应该塑造正义的心灵,通过美德教育培养人的理性、激情,高等教育则针对有可能成为城邦统治阶层的人,培养学生的求知欲,充分激发学生兴趣,培养他们的知识向心力,进而使教育的最终目的从提升个人德行修养转移到培养国家需要的公民这一目标上来。这一哲学思想影响了康德(Immanuel Kant, 1724 – 1804)、黑格尔(Georg Wilhelm Friedrich Hegel, 1770 – 1831)等许多著名哲学家。比如康德主张儿童的根本特性是服从,认为这是一个普遍的道德准则,应该用以指导教育活动②,这成为相当长一段时间内道德训练和品格发展的重要基础。在理念主义哲学家看来,理想的学校,是通过品德教育培养自我实现的城邦合格公民。在这种教育关系中,教师是权威的来源,他们需要博览名著,具备逻辑推理等基本方法,以引导学生;学生是不成熟的个体,他们的思想和意识容易受到扭曲和误导,但通过接受教育,他们可以从老师的教学和书本中学习知识,增加对世界的理解;教师的课程教学主要以古典名著为主,包含宗教和自然学科知识。由此,尽管理念论是唯心主义哲学,但它认为通过教育和启蒙,对城邦公民进行训练,就能将真、善、美等价值观念灌输给学生,将他们培养为城邦需要的公民,初步具备了公民教育思想。

实在论哲学最早亦可追溯到古希腊时期,代表性学者是亚里士多德(B. C. 384 – B. C. 322)。与理念论相对,实在论认为,宇宙万物的存在并不会因为人们的不可见而改变,物质是独立于意识而存在的。作为柏拉图的学生,亚里士多德虽然继承了老师的哲学根基,但有所区别,首先他主张物质是与时间同时诞生,先于人的意识而存在的,这从根本上否认了意识决定物质,抛弃了唯心主义;其次他主张

---

① 《理想国》是柏拉图在大约公元前390年所写的作品,以他的老师苏格拉底为主角的对话形式题材完成。

② Ozmon, H. A. , & Craver, S. M. Philosophical foundations of education[M]. Upper Saddle River, NJ: Prentice Hall/Merrill. 2003.

以怀疑的态度对待人性和理性,这种理性并非来源于哲学家对教育的理论思辨,而是历史传统。弗朗西斯·培根(Francis Bacon,1561-1626)、约翰·洛克(John Locke,1632-1704)、卢梭(Jean-Jacques Rousseau,1712-1778)都是实在论哲学的代表人物,其中洛克和卢梭的思想对美国公民教育的影响极大。洛克基于对意识决定物质的抨击,指出人出生时如同一张白纸,人的意识是通过感觉获得,并通过理性的思考抽象为价值观念。卢梭则认为儿童出生时具有向善的倾向,而非生而有罪的,所以他极力呼吁教育要从儿童抓起,并使儿童即受教育者在教育过程中处于中心地位,教育环境对儿童的成长也会产生重要影响。卢梭以儿童为中心的教育思想对美国20世纪的进步主义教育运动也产生了重要影响。在实在论哲学家看来,公民教育的主要目的是帮助学生形成认知,掌握认识世界的能力,通过良好的教学环境培养学生的优良品行;教师不再是权威的来源,也并非纯粹的教授者,而是应注重引导学生观察、思考和推理,以培养他们理解物质世界的能力;学生也不仅是学习者,而是有感觉、理性的个体,能够通过科学的方法认识世界,教师和学生可以通过教学活动相互促进。这一思想指导下的公民教育内容侧重于公民知识习得,帮助学生认识政府及其行为,思考政府行为的原因,而忽略公民技能的培养,不倡导公民过于积极地参与政府事务。

　　神学实在论,也称宗教实在论,是宗教和实在论相结合的产物。13世纪神学家托马斯·阿奎那(St. Thomas Aquinas,约1225-1274)将亚里士多德的世俗观念和宗教神学相结合,肯定物质独立于意识,但却认为上帝和物质都是真实存在的,且上帝是第一位,上帝创造了自然界和人们的意识。中世纪的欧洲,教会势力不断扩张,封建王权势力缩小,教会需要一种理论来帮助其统治人们的思想,所以神学实在论成为罗马天主教的主流哲学。在这一时期,教会成为影响教育的重要因素,他们认为教育有两个目的,一是塑造人的精神世界和对上帝的信仰,二是培养理性思维能力。这要求教师成为学生道德、精神和生活中的楷模,通过哲学、神学、历史、政治等课程,建立学生与上帝之间的某种关联,通过通识课程将人们理性认识政府与形成对上帝的信仰相结合,使宗教和公民教育紧密联系在一起。

20 世纪美国公民教育也受到了进步主义、结构主义①、要素主义②等思想的影响。但从根本上来说，"进步主义信奉儿童是经验的有机体"③，将儿童视为教育的中心等观念在很大程度上受到实在论者卢梭思想的影响；而要素主义、结构主义则是理念论和实在论二者结合的产物，不仅要求学生通过学习养成美德，培养理性思考的能力，还要求学生通过学习为参与民主社会做必要的准备。纵观美国公民教育的历史，虽然宪法确立了政教分离的原则，为教会和学校分离奠定了基础，但整体上，即使在教会不再干涉美国学校教育的今天，公立学校中仍然屡见宗教思想残余，这源自神学实在论创建时期形成的影响。从建国初期开始，美国人徘徊于宗教、政治与教育之间，一方面，相信教育有利于宗教信仰自由，有利于民主社会健康有序的发展，另一方面，又认为公民教育不应当涉及宗教教育和政治教育的色彩。这些哲学思想被杰斐逊等教育家吸收，进行本土化改进和创新，推进了美国公民教育，也为丰富和发展公民教育理论奠定了重要基础。

二、公民资格理论

公民资格（Citizenship，国内也译为公民身份、公民资质、公民等）的概念起源于古希腊时期，随着公民的出现而出现，在当时唯有父母双方都是希腊城邦居民，且自身能参与城邦活动的成年男子才能获得，是一种特殊的公民身份。现代意义上的公民资格发端于 17 世纪启蒙运动时期，指民族国家内所有拥有国籍的人，是国家成员拥有权利与义务的集合，具有普遍意义。公民资格的内涵丰富，从不同角度出发可以有不同的理解，美国社会主要分为自由主义和共和主义两种公民资格理论范式。

英国社会学家 T. H. 马歇尔（Thomas Humphrey Marshall，1893 - 1981）被公认为是公民资格理论的创始人，他基于英国资本主义社会发展的经验，提出公民资

---

① 结构主义是 20 世纪下半叶用来分析语言、文化和社会的常用研究方法，公民教育领域受其影响的代表人物是杰罗姆·布鲁纳，详见书本第一章综述部分。
② 要素主义产生于 20 世纪 30 年代的美国，与进步主义相对，公民教育领导受该思想影响的代表人物有杰克·泽伟，参见书本第一章综述部分。
③ L. 迪安·韦布著. 陈露茜，李朝阳译. 美国教育史：一场伟大的美国实验[M]. 安徽教育出版社，2010:23.

格的概念应该包含公民要素、政治要素和社会要素三个方面。公民要素是指法律赋予的人身自由、言论自由等权利；政治要素主要指公民以选举和被选举等方式参与政府和议会等政治实体的权利；社会要素指公民的经济福利和享受社会生活的一系列权利。公民最先具有的是公民权利，而后是政治权利，在公民权利和政治权利发展到一定程度，即资本主义社会成熟到一定程度后，社会权利才会出现。以美国黑人争取公民权利为例，早在建国初期，联邦宪法规定所有美国公民具有公民权，但直到18世纪中期南北内战废除奴隶制以前，大部分联邦州的黑人并不具备公民权利和政治权利；南北内战后，虽然国家承认黑人的公民权，但种族隔离政策、选举制度仍然继续屏蔽黑人公民，政治上始终给予该群体不平等的对待，直到20世纪60年代民权运动废除对黑人政治权利的歧视之后，这种情况才得以改善；在获得了公民权利和政治权利后，直至今天，黑人公民仍然为解决就业、反对贫困等社会福利项目努力，争取自身的社会权利。从这个意义上看，公民资格内涵的扩大，体现了公民权利的发展。这种公民资格思想以个人主义为基础，围绕"公民"这一核心概念，注重公民在国家政治和社会生活中的地位，倡导个人性优于公共性，私人领域优于公共领域的解析范式被称之为自由主义范式。它倡导的是一种消极的公民观，即评判公民的标准是该公民是否违反国家法律，是否履行法定义务等，而并非公民是否具有良好的美德，是否积极参与公共事务。

这种理论分析范式指导下的公民教育，注重公民权利和文化容忍。首先，学校的学习应传授学生自由主义民主的基本知识，比如宪法规定的公民权利；其次，学校应教会学生理性合作、协商和批判思考的能力，公民资格是在与他人合作，批判思考不同文化和价值的基础上形成的。该理论范式主张公立学校在公民教育中的不可替代性，因为"公立学校能培养学生对多元文化的尊重和理解，从而促使国家内部不同文化间的共同繁荣"①，这是公民在学校应该习得的必备技能之一。在课程中，强调公民权利与义务、美国与其他国家的关系等内容的学习。作为一个移民国家，将不同文化背景的移民融合在一起，形成统一的美利坚合众国是美国教育一直追求的目标，资本主义社会赖以生存的经济基础也源于个人的逐利

---

① Feinberg, W. Common Schools/Uncommon Identities: National Unit and Cultural Difference [M]. New Haven, CT: Yale University Press, 1988:10.

性,这在根本上与自由主义倡导个人权利相一致,所以在美国社会获得首肯,并用以指导美国的公民教育。

与此相对应,共和主义公民资格理论则基于社会美德和社会责任,强调社会共同体优于个体,注重培养公民参与政治和社会生活的知识和能力,试图培养民主社会的积极公民。共和主义分析范式最早期的代表人物可以追溯到亚里士多德,他认为在不同的历史时期和不同国家,公民资格应该有不同的实践形式,在当时的城邦中,公民必须具有向善的美德,并参与城邦事务,才能使国家受益,强调公民的社会义务。这一思想在启蒙运动时期被马基雅维利(1469 – 1527)和卢梭等学者吸收并赋予新的解释。在卢梭看来,个人与国家之间存在契约关系,个人想要获得国家庇护需要促进公共意志的达成,他曾说"没有自由,国家(la patrie)便无法存在;没有美德,便没有自由;没有公民,便没有美德,"①一方面,将美德作为公民资格理论的核心,强调国家应该建立在公民享受自由的基础上,另一方面,他呼吁通过教育的方式来建立一个由拥有美德公民所组成的国家,希望通过促进公民利益来维护公民的权利自由,公民资格是在接受公民教育和参与民主政治生活的过程中获得的。

在公民教育领域,共和主义理论范式注重公民美德的传承和培养,注重公民参与知识和技能的培养。在现代社会,民主政治比以往任何一个时代更需要公民的广泛参与。20 世纪 70 年代美国出现的社会冷漠,青少年犯罪和暴力,总统选举参与率骤减,政治参与性不强等现象,促使美国反思教育成效,推动了公民教育改革,有意识地侧重公民参与意识和能力的培养。在课程中,主要体现在对美国历史传统、国家政治制度和宪法等知识的学习,对爱国精神和责任意识等品质的倡导,对参与政治和社会生活的沟通、合作、分工等技能的训练。譬如,在公民学课程中,注重美国民主的基本价值和原则,政治体系的基础,公民的角色等知识的学习,要求学生选择公共议题撰写提案,模拟议会的工作等技能训练内容。尤其是"9.11"事件后,学者、家长、教师和社会公众媒体呼吁对文化宽容设定限度,让学生学习具有美国意识形态的知识和理念,强化爱国主义教育。

---

① 郭忠华. 公民资格的解释范式与分析走向[J]. 浙江学刊. 2009(03).

　　全球化时代,公民资格的理论范式也受到全球多元主义的挑战。新世纪美国的公民教育并非完全依赖某一种理论,而是自由主义和共和主义理论范式的折中,它认为两种理论对公民资格的解释并不是完全对立,而应该是相互补充的关系。因为现代民族国家是政治共同体和文化共同体的统一,所以现代社会的公民资格具有双重性,"一种是由公民权利确立的身份,另一种是文化民族的归属感。"①作为政治共同体成员,公民享受国家给予的权利,并履行义务;作为文化共同体成员,公民之间相互进行文化沟通,求同存异。2003 年卡耐基基金会(Carnegie Corporation of New York)②发布《学校的公民使命》(The Civic Mission of Schools),将学生参与作为公民资格的基本维度,要求学校既培养学生尊重异域文化的意识,又要培养学生参与政治和社会公共生活的知识和技能。公民教育,立足于公民这一基点,以个体在国家生活中公民资格的获取为线索,设计学生的公民教育课程,教学的目的是促使学生认识到公民资格的内涵,通过参与民主政治获取其公民资格。

三、政治社会化理论

　　政治社会化理论于 20 世纪 50 年代末 60 年代初提出。1958 年,美国政治学家戴维·伊斯顿(David Easton,1917 – 2014)首次提出了政治社会化的概念;1959 年,美国学者赫伯特·海曼(Herbert Hyman,1918 – 1985)出版《政治社会化:政治行为心理研究》③一书,从心理学角度研究公民的政治学习兴趣等问题;1960 年,伊斯顿发布关于儿童政治发展的研究报告,在此基础上出版《政治系统中的儿童》④一书;随后,罗伯特·赫斯(Robert D. Hess,1920 – 1993)等一大批学者开始关注政治社会化问题。20 世纪 60 年代,政治社会化成为最热门的研究问题之一,

① 尤尔根·哈贝马斯. 包容他者[M]. 上海:上海人民出版社,2002:133.
② 卡耐基基金会成立于 1911 年,宗旨是增进和传播知识,促进美国与其他国家,特别是英联邦成员国之间的了解。
③ Herbert H. Hyman. Political Socialization:A Study in the Psychology of Political Behavior[M]. Glencoe:Free Press, 1959.
④ David Easton, Jack Dennis. Children in the Political System:Origins of Political Legitimacy [M]. New York:McGraw – Hill Book Company, 1969.

政治社会化理论得到发展。

西方学者对政治社会化这一概念的解释不尽相同,具有代表性的有以下四种观点:加布里埃尔·阿尔蒙德(Gabriel A. Almond,1911－2002)认为政治社会化是政治文化得以维持和变迁的过程;戴维·伊斯顿等人则认为政治社会化是人们接受其政治倾向及行为模式的发展过程①;理查德·道森(Richard E. Dawson)和肯尼斯·普鲁伊特(Kenneth Prewitt,1936－)则认为"政治社会化是公民学习获得的、对政治世界形成一定认识的过程,是一代人将其政治标准和信仰传给下一代的方式"②;威廉·斯通(William F. Stone)认为一个人的自我认同是在整个儿童时代通过不断、反复的评价和变化逐步形成的③。对该概念狭义的理解将政治社会化的范围集中于政治领域,将政治和社会领域严格地区分开来,强调儿童和青少年阶段的经验对公民政治文化的习得具有决定性作用;而广义的理解则认为政治社会化是一个终身学习的过程,覆盖了与人们民主生活思维和行为相关的各个方面。可见,政治社会化理论的研究既涉及社会成员接受政治文化,也涉及政治体系传播政治文化,"着重考察人们怎样获取以社会政治文化为基本特征的政治认知、政治价值观念、政治准则、政治信仰以及社会怎样实现其特有政治文化的继承和发展"④。

政治社会化理论首先在美国提出,主要源于二战后美国所处的政治环境。当时,美国对内面临外来移民持续增加,青年运动引发民权运动,贫困和种族歧视等社会问题,对外面临殖民地、半殖民地反抗帝国主义的战争。国内环境不稳定,国际局势动荡致使社会冲突不断,矛盾激化,不利于资本主义民主政治的发展,也不利于美国政治文化的传承和发展。因此,如何系统、有效地学习公民知识,如何帮助公民形成对现有政治体系的认识,如何正确引导公民认同现有政治文化,如何促使公民政治参与和政治文化传承成为新的任务。政治社会化理论,试图将"政

---

① David Easton, Jack Dennis. Children in the Political System: Origins of Political Legitimacy [M]. N. Y. : McGraw－Rill, 1969:7.
② Rechard E. Dawson & Kenneth Prewitt. Political Socialization [M]. Boston: Little Brown and Company. Boston, 1969.
③ 威廉·F·斯通. 政治心理学[M]. 黑龙江:人民出版社,1997:64.
④ 傅安洲,阮一帆,彭涛. 德国政治教育研究[M]. 人民出版社,2010:237.

治生活看成是一个有着输入、输出、反馈等功能并可加以控制的系统,认为一个政治体系中政治文化的性质和结构,与政治稳定的程度、政治发展的水平和政治一体化的进程有非常密切的关联"①,以此为基础研究政治体系和政治权力如何传播政治文化,维护政治制度和政治稳定。作为政治社会化的教育内容之一,政治文化是指"从一定的文化环境中发育出来的、相对稳定的对生活其中的政治体系和所承担政治角色的认知、情感和态度的综合"②,包含政治认知、政治情感和政治价值三个要素。

政治社会化是学习政治知识,形成政治意识,掌握政治参与技能,即接受公民教育的过程,也是政治体系和政治权力传播政治文化、维护政治统治的过程,它侧重于对政治社会化实际运作过程的微观研究,强调个人通过政治认知和政治参与,从自然人转化为政治人的发展。首先,作为社会个体,公民通过家庭、学校和社会生活积攒生活经验,形成对社会政治体系的初步了解;然后,系统的知识教授和技能培训帮助学生对政治体系的认识从经验层面上升到认知层面;其次,公民个体将生活和学习中形成的认知、技能内化于心,形成自己的政治判断和政治价值观;再次,公民通过积极参与国家政治和社会生活表达个体的政治意识;最后,政治行为的发生会促使个体的政治新认知和再判断,形成不断提升个体政治素质和政治能力,从自然人向合格政治人的转换。

政治体系和政治权力的政治权威并不能自发地传播和发展政治文化,公民教育承担了这一历史使命,它以学校教育为主渠道,配合家庭教育和社会教育,并通过大众传播媒介对公民施加全方位的影响。其中,学校的公民教育课程是系统教授公民知识,训练公民技能,养成公民品性的重要载体,学习的主要内容是主流政治文化倡导的政治观点、政治价值和政治规范。1996 年,威廉·杰斐逊·克林顿总统(William Jefferson Clinton)在谈到学校公民教育课程的教学内容时指出,"虽然学校不能倡导官方宗教信仰,但它应当教授主流价值观"③。尽管美国学者一再声称公民教育的"中立性",但公民教育传播政治文化的特性决定了它绝非是一

---

①　高峰. 当代西方政治社会化理论述评[J]. 教学与研究,1997(04).

②　傅安洲,阮一帆,彭涛. 德国政治教育研究[M]. 人民出版社,2010:254.

③　克林顿著. 金灿荣等译. 希望与历史之间[M]. 海口:海南出版社,1997:98.

种价值中立的教育,从根本上说它所教授的内容与主流的政治文化相适应,它所塑造的合格公民是符合政治体系和政治权力需要的公民,具有鲜明的阶级性和意识形态性。

　　源于欧洲传统的美国公民教育既在整体上继承了欧洲哲学精华,又进行了本土化的创造和发展。从历史渊源上来说,美国公民学课程的教育理论源自欧洲传统,与西方哲学思想一脉相承;从价值取向看,美国公民教育课程的核心目标是培养民主社会中的合格公民,以"公民身份"为中心而构建课程体系;从教育实践看,公民学课程的效果要通过学生的政治社会化来体现,尤其体现在从公民认知到公民参与,即从自然人向社会人的转换过程中。

第四章

美国公民教育课程国家标准核心内容解析

美国公民教育的目标是培养民主社会中有能力和负责任的合格公民,为了达成这一目标,《国家标准》制定并颁布,详尽地列举了儿童和青少年在基础教育阶段应该学习的内容,致力于普及公民知识、培养公民技能、塑造良好的公民品性。国家标准的公民知识由五大主题构成,涉及与公民社会和政治生活息息相关的政府、民主、公民等内容;公民技能则分为智力技能和参与技能,智力技能包括识别与描述,解释与分析,评估事情和问题、选定立场并进行辩护,参与技能包括监督、影响政治和政府;公民品性指个人具备的对维持和发展美国"宪政民主"必不可少的品质,它是在日常的家庭、学校和社区生活体验中,在学习公民知识和公民技能的过程中逐渐养成的。通过对《国家标准》的文本解析,可以了解美国公民教育课程内容的侧重点,具体剖析核心目标的内在要求和话语背后的意识形态性,更全面、深入地认识美国公民教育。

第一节 公民教育课程国家标准的构成

一、《国家标准》的主体架构

《国家标准》文本部分由前言、介绍、学习内容和附录四大部分构成。"前言部分"说明学校课程的公民教育使命,公民学课程标准制定的法律依据与具体情况;"介绍部分"陈述了公民学与政府教育的基本原理,说明该标准的性质、目标、设计、受众和使用;"学习内容部分"详细陈述了幼儿园到四年级(K-4),五到八年级(5-8),九到十二年级(9-12)三个水平阶段中,学生所要学习的学科知识和技能;"附录部分"总结了标准文本的五大主题及其主要内容,与学术内容标准①相对应的表现标准(performance standard)②,以图表方式归纳知识点,并解释了(宪法)修正案、布朗诉教育局案、马伯里诉麦迪逊案等文本中涉及的140个术语。

内容标准是整个文本的主体部分,将学习内容概括为五大核心主题,分别为:(1)公民生活、政治、政府及其职能;(2)美国民主的基本价值观和原则,其政治体系的基础;(3)以宪法为基础的政府如何体现美国民主的目标、价值观和原则;(4)美国与其他国家、以及世界事务存在怎样的关系;(5)美国民主中的公民角色。

在陈述不同学段的具体内容标准时,五大核心主题被细化为与学生生活息息相关的问题,围绕每一问题,《国家标准》采用"内容总结与基本原理"与"内容标准"列举的方式进行扩展,如图4-1所示。"内容总结与基本原理"总结知识点的主要内容,解释学习某一知识点的原因,即为什么学,"内容标准"列举部分则具体说明学生在某一水平阶段应该学习的内容,掌握的知识和技能,即学什么,怎么学。

以主题(1)中"什么是政府"这一知识点为例,在K-4学段,"内容总结与基本原理"部分,介绍了基础教育早期对政府的理解,提出在入学初期,学生应该做到从观察学校和家庭管理的角度来理解政府,指出学习与政府相关知识的原因在于,它可以在学校的早期教育中,为孩子们理解国家、州和社区中正式的、非正式的机构,以及政府流程提供基础。在"内容标准"部分,该学段要求学生能够对政府进行基本的定义与描述,即理解政府是国家、社区、学校和家庭中制定、执行和实施规则、法律,以及管理社会纠纷的人和群体,并通过家庭、学校、议会、政府和法庭等政府行为举例的形式,对什么是政府作具体说明。

---

① 内容标准用于界定学生的学习内容,是关于学生在特定领域应该学习知识和技能的描述性规定。

② 表现标准是关于学生对内容标准学习程度和成就水平的规定性陈述,用于界定学习质量。

What is government?

Content summary and rationale

At the early elementary level, government can be described as the people and groups within a society with the authority to make, carry out, and enforce laws and to manage disputes about them. Understanding what government does may be initiated in early grades by having students look at the governance of the family and school as analogous to the governance of the larger community and the nation....

Content standards

Defining government. Students should be able to provide a basic description of government.

To achieve this standard, students should be able to

· describe government in terms of the people and groups who make, apply, and enforcles and laws for others in their family, school, community, and nation and who manage disputes about them, e. g. ,

· adult family members make, apply, and enforce rules for their children and manage disputes about them

· teachers, principals, and school boards make, apply, and enforce rules and laws for their schools and manage disputes about them

· city councils and mayors make, apply, and enforce rules and laws for their communities

图 4 – 1   K – 4 学段"什么是政府"知识点概览

在高年级标准中,"内容总结与基本原理"为了加深对政府的理解,将学习内容扩大到与政府相关的公民生活和政治等相关概念,及其相互关系,要求学生可以将对政府的认识从有权制定、执行、实施法律,解决法律争端,具体到进行社会资源、福利和权责分配、管理社会矛盾等内容。区别在于在"内容标准"列举部分,5 – 8 学段要求学生能精确描述公民生活、政治和政府三个概念,解释政府存在的必要性和政府运行的目标,说明政府存在的必要性及主要理由,评估关于政府服务目标中一些相互冲突的观点,如保护个人权利与倡导公共利益。而 9－12 学段要求学生在巩固前一学段所学知识的基础上,能够联系现实进行运用。它在要求学生解释政府存在必要性的理由,评估政府服务目标的同时,还能通过列举历史上或者当代发生的事件,作为案例来具体论证提出的观点,并说明政府服务目标怎样影响个人与政府的关系,以及政府与整个社会的关系。

由此可看出,5－8,9－12 学习阶段的内容标准是 K－4 学习阶段的延伸、扩展和深化,由浅入深,由近及远,由具体到抽象,帮助学生从公民与政府的角度,逐步认识所在家庭、学校、社区、州、国家以及世界。5－8 与 9－12 学习阶段虽然围绕同样的问题展开,但高年级更加深化、细致,并伴随一定的社会实践和政治参与项目,更多强调公民技能的锻炼和培养。

二、《国家标准》内容的基本组成

表 4－1　不同学段公民学课程公民知识结构体系

核心主题	K－4	5－8/9－12
(1) 什么是政府及其职能?(K－4) (1) 什么是公民生活、政治和政府?(5－12)	A. 什么是政府? B. 政府中的人从哪里得到权力去制定、应用、实施规则和法律,并处理其间的纠纷? C. 为什么政府是必要的? D. 政府做的最重要的一些事情是什么? E. 法律法规的目的是什么? F. 你们怎么评估法规和法律? G. 有限政府和无限政府的区别是什么? H. 为什么限制政府权力很重要?	A. 什么是公民生活?什么是政治?什么是政府?政府和政治为什么是必要的?政府服务于什么目的? B. 有限政府和无限政府的基本特征是什么? C. 宪法的性质和目的是什么? D. 组建宪政府外还有什么可供选择的方法?
(2) 什么是美国民主的基本价值和原则?(K－4) (2) 美国政治体系的基础是什么(5－12)	A. 什么是美国民主中最重要的价值和原则? B. 美国人对他们自身和政府的重要信仰有哪些? C. 对于美国人来说,为什么分享特定的价值、原则和信仰很重要? D. 美国多样性的好处在哪里? E. 如何避免和处理多样化带来的冲突? F. 人们可以怎样合作以推进美国民主的价值和原则?	A. 美国宪政政府的理念是什么? B. 美国社会的显著特征是什么? C. 什么是美国政治文化? D. 美国宪政民主的基本价值观和原则是什么?

续表

核心主题	K-4	5-8/9-12
(3) 以宪法为基础的政府如何体现美国民主的目标、价值观和原则?（K-12)	A. 什么是美国宪法? 宪法为什么重要? B. 美国联邦政府的职能? 它怎样保护个人权利,促进公共利益? C. 州政府、地方政府的主要职责是什么? D. 在国家、州和地方政府的立法机构和执法机构中,谁代表你?	A. 美国宪法建立的政府怎样分配、共享和限制权力、责任? B. 国家政府、州政府和地方政府怎样组织? 它们有什么职责? C. 在联邦和地方政府中,谁代表你? D. 美国宪政系统中法律的地位是什么? E. 美国政治系统怎样提供参与的选择和机会?
(4) 美国与其他国家,以及世界事务的关系?（K-12)	A. 世界怎样划分国家? B. 国家之间怎样相互影响?	A. 政治上世界是怎么被组织起来的? B. 美国怎样影响其他国家? 其他国家怎样影响美国的政治和社会?
(5) 美国民主中公民的角色是什么?（K-12)	A. 成为一个美国公民意味着什么? B. 个人怎样成为公民? C. 美国公民的重要权利与义务有哪些? D. 什么样的性情/性格特征对于维护和促进美国民主是重要的? E. 美国公民怎样参与政府? F. 美国人怎样选择领导人?	A. 什么是公民身份? B. 什么是公民权利? C. 什么是公民义务? D. 对于美国宪政民主的维护和改进,什么性情和性格品质是重要的? E. 公民怎样参与公民生活?

公民学与政府课程的终极教育目标是使公民认同美国宪政民主的基本价值和原则,并知性、负责地参与政治和社会生活。为了完成这一教育目标,向学生系统地传递对公民生活、政治和政府的基本理解,帮助他们了解所在的政治体系及政府运作,美国政治、政府与世界事务的关系,《国家标准》制定者将公民学课程的教学任务划分为三部分:公民知识的教授、公民技能的培养和公民品性的养成。

第一,公民知识。公民知识,作为公民教育的基本内容之一,是该学科教学的基础。如表4-1所示,《国家标准》以五大核心主题的形式总结了应该学习的五大知识单元,并以学生熟悉的问题为线索,串联起整个学科中最基础、最核心的学科知识。

　　针对主题一,什么是公民生活、政治和政府,学生需要了解政治、政府和公民生活的基本内涵,政府存在的必要性、不同形式、目的和职能,宪法的性质和目的,宪法和政府的关系,宪政政府出现的必要性等问题,这些基本概念的梳理和知识的学习是理解美国民主政治的基础和前提,能帮助学生认识公民与政府的关系,判断政府行为,防止政府权力滥用。针对主题二,美国民主的基本价值观和原则,其政治体系的基础,学生应该了解美国民主政治的历史、哲学、法律、经济基础,社会的多样性和显著特征,以及根植于美国特定政治文化土壤中的价值观和原则。针对主题三,以宪法为基础的政府如何体现美国民主的目标、价值观和原则,学生应该了解宪法确立的政府体系,特别是按照三权分立原则构建的立法、司法和行政机构,每类机构下存在联邦政府、州政府和地方政府三个层次,了解不同职能政府之间的相互牵制与监督,不同级别政府之间权力分配和共享的相互关系。针对主题四,美国与其他国家、以及世界事务之间存在怎样的关系,试图帮助学生形成一种全球意识,学生应该能够了解美国宪法赋予政府的外交权力与达到外交目的的方法,知晓主要政府与非政府国际组织的目的与功能,分析当代政治、人口与环境发展对世界的影响。针对主题五,美国民主中公民的角色是什么,学生应了解宪政民主体制赋予公民的权利与义务,为了维护美国的民主繁荣,公民应该怎样知性、负责、有效地参与政治和社会生活。五个主题之间相互关联,构成了美国民主社会中理想合格公民的基本素养,也构成了公民学与政府课程对学生的基本学习要求。

　　第二,公民技能。公民技能与公民知识息息相关,学习的目的是进行实践,实践中可以学习新知。公民技能是公民参与国家政治生活,履行公民义务所必须具备的能力,是公民将知识和价值转化为政治参与的重要工具,是公民教育的重要内容之一,它包括公民的智力技能和参与技能两个方面。

表 4 - 2　公民技能

智力技能	参与技能
识别	寻求合作的能力
描述	监督政治和政府
解释	影响政治与政府
评估观点或立场	
选择立场	
为观点或立场辩护	

　　智力技能即学生进行批判性思考的能力,与公民知识密不可分,是公民认知内化为个体人生观、世界观、价值观的途径。它要求公民能够对某一政治问题进行独立、自主、辩证地思考,是理性政治参与的前提,《国家标准》中要求学生掌握的方法包括识别、描述、解释、评估立场、选择立场、辩护六类,由低到高分为三个层次:(1)识别与描述,指能够区分涉及公民知识的有形和无形事件,对政治事件进行归类,描述其进程、机构、功能、目标、手段、质量等属性,例如识别出国家总统、政府工作人员、社会多样性与冲突,识别对政治生活造成重大影响的政治事件,描述政府的组成与职能,法律确定的基本价值观和原则。(2)解释与分析,即运用所掌握的历史背景和公民知识解释政治事件、事件的起因、意义和重要性,分析政府行为、立场、观点、目的及其原因,理性分析国际政治经济关系。(3)评估事件和问题、选定立场并为之进行辩护,指使用所学知识评估某一政府行为或政治事件,根据自身所掌握知识对其进行判断,选择自己的立场,并通过论证自己的立场或者反驳某一立场的论据为之辩护。这种辩护可以要求学生评估学校祈祷、着装规范、宵禁、医疗保障等涉及个人权利的事件、选择立场,也可以对促进宪政政府的条件、美国民主中公民美德的重要性、国家政府在国内外政策制定中的主要职责等国家问题进行评估。

　　参与技能指公民知情、有效、负责任地参与政治所需具备的能力,是行使公民权利的具体体现,也是履行公民义务的行动方式。它包括三个方面的内容:(1)寻求合作的技能,即公民之间通过建立联盟、协商、管理冲突、妥协等方式与人沟通,求同存异,寻求合作。尽管个人主义盛行,美国人保留着为共同目标参与合作行动的特性,这一技能试图帮助公民认识到宪政民主要求受过良好教育的公民持续参与,例如在学校中通过小组合作形成对学校规章制度的意见,在选举中政党内部成员通过合作宣扬政党所认同的政治理念和政治思想,在共同价值观和原则指导下通过合作促进个人、社区和国家目标的达成。(2)监督政治和政府的技能,即监管政治过程和政府对社会问题的处理,如通过阅读、电视知晓公共事件,通过演讲、讨论、与政府官员联系了解真相,通过参与市议会等管理机构会议监督政府行为等。(3)影响政治和政府的技能,比如通过集会、游行、示威、游说、投票等方式表达意愿,要求政府权力机关对某一事件进行关注,通过在利益集团、政党和其他社会组织中发挥作用来影响制定公共政策的组织,通过致力于竞选活动带动民众的参与等。参与技能的培训贯穿整个初级教育阶段,如课堂教学中的角色扮演和活动模拟,课程实践中的服务学习等,通过给学生设置具体的社会情境,锻炼其合作、监督和影响政治过程和政府的技能,服务于现实社会的政治参与。

第三、公民品性。即指公民所具备的品质和性格。公民学课程在教授公民知识、训练公民技能的同时,还需要培养良好的公民品性。公民品性的形成并非一蹴而就,而是需要通过长时间的训练逐渐形成,需要学生在学校、家庭和社会中不断学习和体验,理解民主社会需要负责任公民个体的参与和管理。这些品质和性格特征的培养不仅能够帮助个人成为政治体系中有效和负责任的参与者,而且有利于美国民主的健康发展;不仅包括个人特性,如道德责任、自律、尊重个体价值和人性尊严、同情,也包括公共特性,如礼貌、尊重法律、协商和妥协的意愿。我国学者高峰将美国公民教育中美国公民品性的基本内容概括为五大方面:成为社会一名独立的成员;承担公民个人的政治和经济责任;尊重个人价值与人类尊严;以创造性的和有效的方式参与公民事务;促进宪政民主的健康运作①。简而言之,公民学课程试图培养学生的个人责任感和奉献精神,将其贯穿于公民知识的学习与公民技能的培养过程中,对促进公民自觉维护美国"宪政民主",维护政治体系的健康运作和维护国家利益具有重要意义。课程设计者认为,这种内化于心的公民品性,可以促使公民个体自觉自愿遵守美国宪法,维护公共利益。

---

① 参见高峰. 美国公民教育的基本内涵[J]. 比较教育研究,2005,(05).

同时,《国家标准》指出,掌握公民学知识和技能,知性、负责并有效地参与社会生活和政治生活,仅仅通过公民学课程的教学是不够的。在学校,除公民学课堂教学以外,历史、地理等人文课程、课外服务学习、社团组织,在校外,家庭、宗教机构、大众媒体和社区等社会机构和群体都能在一定程度帮助学生增长公民知识和技能,为他们实现政治参与服务。历史、地理、经济、文学等其他学科知识可以增进学生对政府和政治知识的理解,家庭和社区生活可以使宪政民主的某些价值和原则具体化。但是,他们并不能取代公民学课程,该课程通过对学生公民知识、公民技能、公民品性全方位的关注,通过系统、持续的学习培养公民责任,发展公民能力。

第二节　公民教育课程国家标准的文本解析

基于对《国家标准》文本的全文翻译、整理和精读,通过对国家标准五大主题的解析、内容标准的阅读、相应教科书知识目录的总结,发现公民、政治、政府、民主、价值观、宪法、国家等承载公民教育学习要求的词汇出现次数最为频繁,这些词汇承载了串联学科知识体系,呈现课程学习主题的任务,构成了整个标准文本内容最关键的词汇群。为了进一步辨析公民学课程标准对学生的要求,尝试以《国家标准》为解析文本,对学生所应学习的五大主题内容进行整合,试图概括出公民学课程的核心内容。

一、解析软件与方法

本书所使用的数据解析软件为 Antconc 语料库软件,语料为《公民学与政府国家标准》文本,语言形式为英文,如图 4 - 2 所示。在文本解析时,共使用了类别检索、上下文关键词分类和批判性话语分析三种主要方法。

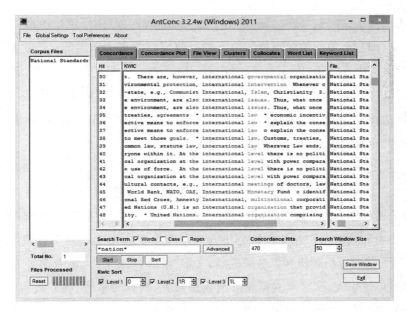

图 4 – 2　Antconc 软件主界面

第一,类别检索功能。对关键词的初步检索采用类别检索功能,以国家"nation"一词为例,检索项为" * nation * ",提取所有以 nation 开头的单词,如 nation,nations,national,nationwide,nationality,nationalities,nation – states;所有以 nation 结尾的单词,如 explanation,examination,alienation,discrimination,determination,inclination,subordination;所有含有 nation 的单词,如 international,multinational。以"国家"一词为检索词,共检索出关键词词频 470 个,但因为 explanation 等词并不属于语义上与国家相关的词语,排除无效检索结果共 23 条,对"国家"一词进行类别检索有效结果为 447 频次。

第二,上下文关键词分类(Kwic Sort)功能:该方法可以对检索词前后的搭配进行归类,本章对文本中表达公民知识词汇的解构、关键词内涵的解释和语境的分析均使用该方法。如图 4 – 2 所示,在"Kwic Sort"栏目下选择一个目标词来对类别检索进行重新排列:"0"代表检索词,"1L"代表检索词左边第一个单词,"2L"代表检索词左边第二个单词,"1R"和"2R"分别代表检索词右边第一个和第二个单词,以此类推。继续以"国家"一词为例,上图中勾选"level 1 :0;level 2 :1R;Level 3：1L"，代表以国家"nation"一词为中心，将语境研究范围限定在检索词左右各一个单词，即三个单词的词距范围内。如果研究需要更大范围的文本，点击红色的检索词，可以在"File View"栏目中看到对应语境的上下文全文。在实例所见范围内，标准文本陈述的是国家与国家之间关系这一知识点，涉及共产国际、国际事务、国际法律、国际水平、国际会议、国际货币基金组织、跨国公司和国际组织等内容。同理，可对检索词前后语境扩大分类检索范围进行处理。

第三，此外，批判性话语分析方法。批评性话语分析（Critical Discourse Analysis）产生于20世纪70年代，基于话语分析这一语言研究学科产生，它是文本分析和社会分析相结合的产物，认为语言是开放的系统，将话语视为意识形态的工具，与社会历史和政治密切相关。该分析方法早期主要应用于语言学领域，20世纪90年代后，随着分析理论和方法的成熟，文学、政治学、社会学、教育学等人文社会科学领域广泛引入，研究范围覆盖政治意识形态、教育和就业、种族歧视、经济扩张等问题，研究文本涉及法律法规、官方文件、课本、领导人讲话、数字和平面媒体表达等，试图通过语篇的分析解释其所表达的深层内涵，解释话语、权力和意识形态的关系。它是一种旨在通过对话语表面形式及其生成的社会背景的分析，挖掘话语背后隐藏的不为人知的意识形态与权力关系，以揭露并希望改变社会不平等、不公平现象的一种研究方法。① 批判性话语分析方法认为，话语是意识形态的工具，解析话语内涵，以及政治体系对话语的解释及其出现的历史背景，可以窥探话语变化所体现的政治文化的变迁。

二、实验解析结果

检索与分析分别针对表达公民知识、公民技能的词汇和文本中使用的情态动词进行。其中，针对公民知识的检索试图总结课程标准中最基础、最核心的知识点；针对公民技能的检索试图观察在不同年级水平段，标准制定者对学生要求的侧重；针对情态动词的检索，试图观察《国家标准》要求的语气强弱程度，据此判断《国家标准》背后所隐藏的意识形态与权势关系。

---

① 束永睿,傅安洲,聂迎娉. 美国公民教育研究方法新探——批评性话语分析[J]. 学校党建与思想教育. 2013,(03).

第一,公民知识词汇分析:首先采用"类别检索"功能对文本中出现频率较高的公民、政治、政府、民主、价值观、宪法、国家等词进行检索;其次检索实验处理过程中发现的同义词和关联单词,试图尽可能全面地对出现词频较高的词汇进行初步数据统计;最后通过"上下文关键词分类"功能对词语出现语境①和词语搭配进行分析,按照核心词汇所表达的公民知识的相关性和一致性进行分类,得出的词语分组和词频有效数据如表4-3所示。

表4-3　美国《公民学与政府国家标准》核心词汇类别检索结果

类别	政府、国家、政治	宪政、法律	公民	价值、原则、品性	民主
检索项	* government *	* constitution *	* citizen *	* value *	* democracy *
词频	920 次	475 次	334 次	165 次	184 次
检索项	* nation *	* law *	* civic *	* principle *	democratic
词频	447 次	359 次	128 次	168 次	15 次
检索项		* charter *	* individual *	* belief *	democracies
词频		4 次	250 次	53 次	5 次
检索项	* politic *	* status *		* disposition *	
词频	481 次	3 次		34 次	
总量	1848 次	841 次	712 次	420 次	204 次

　　根据数据分析结果,"政府"一词出现频率最高,有效频次为920次,而且"国家"与"政府"两词经常出现于同一语境中,有时甚至替代使用,用以描述美国政治体制,所表达的内容联系紧密,所以与政府和国家相关的知识被归为第一类。第二类词语由表达宪政与宪法相关的近义词组成,实验过程中对文本内容中所有表达宪法、法律、规章含义的词进行逐一检索,得出有效数据841次。第三类数据检索与"公民"相关的词,但解析上下文时发现,文本中经常会使用"个人"(individual)一词描述公民的具体行为,所以进一步对"个人"一词进行检索,归类于"公民"这一关键词中,组成第三类词组,表达公民相关的知识。在对第四类表达"价值"

---

① 语境,指语言环境,它包括上下文、时间、空间、情境等因素,本书中主要指代上下文语境。

的词汇进行检索时,发现相当一部分情况下"价值"与"原则"和"信仰"两词作为并列词语同时出现,与表达公民"品性"的名词搭配使用,所以该四个词语被归为第四类,有效词频 420 次,表达与价值观、原则、信仰与品性相关的知识。

在对"民主"一词词频检索时仅得出有效数据 204 次,但在进一步分析该词出现的语境时,发现"民主"在大多数语境中与前四类词语共同使用,"民主"与"宪政"一同表达宪政民主的意思共 94 次;"民主"与"美国"搭配使用表达美国的民主共计 53 次,其中"美国民主"与"公民"一同出现 9 次,与"原则"一词共同出现 25 次,与"价值观"和"美德"各一同出现一次;民主与"个人"权利、民主"性情"共同出现 8 次;"民主"作为形容词与政府、立法机构、政党等词出现的频率为 7 次,即民主与前四类关键词一同出现 162 次,达到总词频 79.4%。与此类似,在"政治"一词的使用语境中,所表达内容涉及政治行为、政治自由、政治信仰、政治生活、政治参与、政治权力、政治矛盾、政治文化、政治发展、政治领导、政党、政治进程、政治体系等,与其他四个部分关键词的联系也非常紧密,所以在后续核心内容归类中,不再对"民主"与"政治"两个词进行单独的归类与解释,而是将其融合在其他四组关键词的解析过程中。

通过以上分析,可以得出这样的结论:美国自诩为世界民主政治的典范,民主和政治构建了美国资本主义制度的根基,是美国对内灌输国家意识,对外宣扬意识形态的重要工具,也是美国公民教育的核心内容。虽然课程标准文本为了避免过于鲜明的价值倾向,在词语选择上较少直接使用民主一词表达对学生的要求,但民主与政治知识体现在三权分立的政府设置、以宪法为基础的法律体系,公民权利享有与义务履行等具体学习要求中,与政府、国家、宪法、公民与价值观的学习内容密切相关,深深扎根于美国公民赖以生存和发展的各个方面,终极目标是使学生认同、维护和发展美国的"宪政民主"政治。

第二,公民技能词汇分析:将《国家标准》按 K – 4,5 – 8,9 – 12 年级段拆分为三个子文本,检索不同年级阶段描述学生技能的词汇,试图观察在不同学段,公民学课程对学生技能的要求。

如前所述,公民技能可以分为智力技能和参与技能,智力技能指识别与描述,解释与分析,评估事件和问题、选定立场并进行辩护;参与技能指寻求合作的技能,监督政治和政府的技能,影响政治和政府的技能。《国家标准》文本中表达"选择立场"这一含义时使用词汇"take a position",但因为"take"一词内涵丰富,难以简单地以数据统计展示其"选择"之含义,因此不列入检索范围;涉及参与技能的表达也因动词数量太多无法统计,"参与"一词不能简单地用"participate"一词概括,它包含其他涉及具体含义的实意动词,如"处理"矛盾,"追踪"某一新闻动向,"搜集"证据等,并不具备数据检索的条件,所以也不列入检索范围。观察三个年级水平阶段的"技能"检索结果,可以发现《国家标准》对学生的技能要求大体上随着年级的递增而增多,这与学生学习范围扩大,学习内容加深,需要认识和了解的知识增多相关。

表4-4　美国《公民学与政府国家标准》公民技能词汇检索结果

类别	识别	描述	解释	评估	辩护
	* identify *	* describe *	* explain *	* evaluate *	* defend *
K-4	25 次	21 次	69 次	12 次	1 次
5-8 次	52 次	43 次	120 次	49 次	16 次
9-12 次	26 次	57 次	176 次	118 次	49 次

如表4-4所示,"识别"一词在9-12年级阶段的频次相较于5-8年级阶段有所减少,这并不是意味着对学生要求的下降,而是因为在5-8年级阶段,学生已经基本形成了对美国公民与政府知识的了解,高年级不再会对一些简单的技能,如识别国家总统进行重复要求,而是在前一阶段的基础上要求学生掌握更高的技能。与此相对应,《国家标准》对学生"评估、选择立场并进行辩护"的技能要求在9-12年级则大幅升高,词汇使用频率大量上升,如在要求学生识别出国家总统的基础上,进一步评估国家总统的某一行为并给出理由。这体现了《国家标准》要求学生全面掌握各项技能的同时,在不同的年级水平,所要求的侧重点也有所区别,低年级以识别、描述、解释和分析为主,而高年级则要求学生不仅可以认识现象,还要求学生根据对美国政治体制的认识,对现象和事件进行具体的梳理和分析,形成自己的政治观点。

第三,《国家标准》的情态动词分析。在《国家标准》文本中,发行者明确说明该标准是非强制性的,但通过对《国家标准》颁布背景的梳理,笔者认为该标准一定程度上体现了国家意识,即美国政府对理想公民的诉求。基于此,笔者试图根据语言学家韩礼德(M. A. K. Halliday,1925 -)对情态动词分类的理论,分析《国家标准》文本中使用的情态动词,试图观察《国家标准》背后隐藏的政治关系。

表4-5 "国家标准"文本中情态动词使用频次

	情态动词	出现次数		情态动词	出现次数		情态动词	出现次数
高量值	must	61 次	中量值	should	420 次	低量值	might	27 次
	will	45 次		ought to	2 次		could	7 次
	shall	16 次					may	106 次
	would	22 次					can	131 次
	need	30 次						
	have (got) to	0 次						

韩礼德根据情态动词的语气强弱程度将其分为高量值、中量值和低量值三类,其中高量值词语语气和确定程度强,在文件和官方发言中表达一种强制性,易给人造成盛气凌人或居高临下的感觉;中量值词语表达一种非绝对性,可以缓和语气,较委婉的表达语篇生成者的观点;低量值词语语气最弱,不确定程度高。经统计,《国家标准》文本中共出现情态动词868 次,如上图所示,其中 should 一词的使用达到 420 次,占据情态动词使用的 48.39%。should 作为情态动词,其句子的主语通常为施动者,其后使用的词语则隐含语篇生成者的潜在意图,进一步检索 should 的使用搭配,发现与 should 搭配的主语有 328 个为"学生"(students),搭配的谓语有 317 个与"be able to"结构。"be able to"意为"能够",表示具备做某事的能力,"students should be able to"则表示学生应该能够具备做某件事情的能力,表达的不再是一种委婉的建议,而是相当于一个高量值情态动词,隐含强烈的建议、要求和导向性。

这与美国教育体制的特点息息相关,美国各州享有教育权,国家标准对各州并不具备强制性,因此标准文本避免使用高量值情态动词,而是通过中量值情态动词的搭配形式,隐含一种国家的话语强制性。《国家标准》颁布之初,各州刚通过第一次教育峰会默认联邦政府的教育干预,这种委婉的语言表述方式可以最大限度地避免各州、地方学区和传统教育观点持有者的反感,促进标准的推广。但是,这种中量值的情态动词却不意味着对学生要求的随意性。实际上,该课程标准通过中量值情态动词的巧妙搭配,最大限度地表示了标准制定者对其内容要求的强势。这种强势一方面体现了对学生的学习内容要求,文本情态动词"should"搭配在绝大部分情况下以"学生"为主语,明确提出学生应习得的公民知识和掌握的公民技能,清晰地陈述了课程对学生学习的导向性要求。另一方面,这种表达方式客观上对标准的实践者施加压力,无论州政府制定州级课程标准,教科书出版商考虑学习框架,还是教师在安排教学单元,评价机构在设计课程评价体系时,都必须考虑到学生在课程中是否达到要求,实质上表达了《国家标准》的强制性。

第三节 公民教育课程国家标准的核心内容

前两节介绍了公民学课程标准的结构体系与知识主题,课程标准的主要内容围绕知识主题展开。为了形成对美国公民教育目标和任务更直观的认识,作者运用 Antconc 软件对《国家标准》内容文本中的核心词汇进行检索,通过对核心词汇内涵的解读与词汇所表达内容相关性的分析,重建美国公民教育的内容体系。根据对公民知识的实验解析结果,公民学课程标准的核心内容可以归纳为以下四类:第一,与政府和国家相关的知识;第二,与宪法和宪政相关的知识;第三,与公民相关的知识;第四,与价值观、原则、信仰和品性相关的知识。这四个部分的基本知识与课程标准规定的五大知识主题内容具有内在一致性,逐一解析这些核心词汇的使用语境和内涵,有利于从不同侧面更深入地认识美国公民教育的核心内容。

一、政府与国家

政府、国家是所有主权国家最重要的要素之一。在美国,政府根据宪法三权分立的原则建立,被视为保护公民权利和促进共同利益的机构,是公民认知的主要对象。根据基础的数据统计,国家标准文本内容中共出现以政府为词根的单词920次,以国家为词根的单词447次。

为了进行细致的归类分析,利用 Antconc 软件的"上下文关键词分类"功能分别对与国家和政府的词组进行分析。在关于国家的词组归类分析中,最鲜明的特征是国家与联邦各州、地方政府和社区的关系,美国与其他国家之间关系问题两大类。关于政府的词组搭配归类分析中,频率较大的有政府和政治;宪政政府;有限政府和无限政府;国家、州、地方政府及其相互关系;政治体制问题等。由于使用软件进行数据处理的过程较难以简单的数据或图表呈现,如图 4-2 所示,以下不逐一列举数据处理过程。根据分析结果,有关国家和政府的知识大体上可以分为以下四个部分:第一,政府的相关概念;第二,宪政政府体系;第三,国家政治体制;第四,美国与世界上其他国家的关系问题。其中,大部分内容都以《独立宣言》《联邦宪法》和《权利法案》等建国时期的基本法律和文件为依据,可见《国家标准》试图使学生通过关于国家和政府知识的学习,认识美国"宪政民主"的历史、政治体系的构建和运行,认同美国的民主政治体系,并对国家和政府的工作方式,对政府机构、政治工作者的工作效率等问题进行评价。

第一,政府的相关概念。《国家标准》列举的知识点和界定性观点包括:(1)政府是国家的组成要素;(2)政府的权力和职责;(3)政府权力的来源;(4)与政府概念相关联的其他概念等。国家由领土、人口、法律和政府组成;政府是社会中有权制定政策,执行和实施法律,解决社会和阶层争端的人和机构,这些争端涉及社会的资源、福利和义务分配,矛盾管理。在美国,法律规定政府的权力来源于人民,设立政府的目的是形成一个更完善的国家,确保国内稳定,提供公共防御,维护公共福利,保护公民及其后代的自由等,即保护个人权利和维护公共利益。政治,是一群观点和利益存在分歧的人,达成对特定群体有约束力,能作为公共政策执行的集体决定的过程,也是人们寻求在公共事务抉择中影响力的过程,更是人们完成个人无法实现目标的过程。要理解政府存在的必要性,学生还应了解主权国家、国际组织、有限政府、无限政府、政府权力、政党、政府组织、联盟制、联邦制、单一制等概念的基本内容。

　　第二,宪政政府体系。《国家标准》列举了以下重要知识点或界定性观点:(1)宪政政府的组成方式。普遍的宪政政府组建方式有议会制和权力共享体系:议会制的代表,如英国,权力由被称为议会的两院制立法机关拥有,议会包含上议院和下议院,首相由下议院中多数党的会议选出,首相组建内阁指导政府的管理;权力共享体系的代表是美国。(2)美国政府——受限于美国宪法所确立的权力共享体系。依据宪法确定的基本原则,美国政府采用权力共享体系建立中央政府。(3)三权分立与权力制衡。美国政府的权力分散于各个机构之间,主要分为立法机关、行政机关和司法机关三类,每个机构有特定的主要职能。立法机关即国会,由上议院(House of Representatives)和参议院组成(Senate),也包含它们的委员会、员工和辅助机构,如国会预算局、国会图书馆等,主要享有立法权;行政机关也称执法机关,包含美国的教育、卫生、国防和公共服务等部门,享有行政权;司法机关,包含美国最高法院和联邦法院系统。权力共享体系的另一个特点是每个机构可以既共享权力又相互制衡,如国会可以制定法律,但是总统可以否决国会通过的法律最高法院能宣布国会通过并经总统签署的法律违宪。学生应该重点学习权力共享体系下,美国三权分立的宪政政府设置,以及权力分配、共享和内在制约关系对美国民主政治文化的影响。

　　第三,国家政治体制。《国家标准》要求学生学习(1)三种国家体制:联盟制、联邦制和单一制,其中,(2)美国的政治体制——联邦制是学习和理解的重点。国家中,中央政府和地方政府主要有联盟制、联邦制和单一制三种形式,这三种普遍形式在美国历史上都被采用过。联盟制政府中,主权国家或享有主权的州为了特定目的,如针对外敌的共同防御,将权力委派给某一国家或政府,其代表有联邦条例下的美国和美利坚联盟国。联邦制政府中,国家政府和州政府划分权力,也共享一部分权力,但是国家政府在全国范围内能直接对个人起作用,如美利坚合众国。单一制政府中,所有权力集中于中央政府,州政府和地方政府能实施中央政府给予它们的权力,如美利坚合众国州政府。美利坚合众国从建国开始采用联邦制,学生应该具体了解该政治制度下,国家政府在国内外政策中的主要职责;国家政府行为对人们日常生活,国家福利的影响,如通过税收为政府筹资以提供公共服务;州政府由州宪法创建,每个州政府都有自己的立法、行政和司法分支;地方政府为公民提供大部分日常服务,解决大部分民事纠纷和违法行为,如警察和火灾保护,教育,街道维修,提供公共住房、交通和公共健康服务,维护街道、高速公路、机场和港口。学生应该深入了解三种制度,并学习联邦制下国家政府、州政府和地方政治各自的职能及其相互关系。

第四,美国与世界上其他国家关系问题。《国家标准》列举了以下重要知识点或界定性观点:(1)民族国家与国家主权;(2)国家交往;(3)联合国与国际组织;(4)美国的民主和人权观念对世界的影响。作为理解美国对世界影响的前提,学生必须知道世界被划分为很多不同的民族国家,每一个民族国家在确定的领土上拥有主权,对领土内的人拥有管理权。这些主权国家通过贸易、外交、文化交流、签订协议、使用武装力量等方式相互影响,在譬如环境、共同防卫问题上订立合同或达成协议,这些方式可能是和平的,也可能包含使用武力。在国际层面,有许多政府和非政府的跨国机构,他们试图和平处理国家间的冲突和矛盾,如联合国为不同的国家代表提供面对面讨论公共利益和试图和平解决问题的途径,有时,联合国甚至会派送维和力量去发生冲突的地区。尽管如此,没有任何一个国际机构的权力能和主权国家相提并论,因此,当主权国家间出现冲突,地方、地区和世界范围内可能会爆发战争。学生应该能说明政治上世界是由主权国家组织起来的,说明主权国家相互影响的方式,主权国家之间秩序破坏的原因、后果、对人们生活的影响,还应该能辨别主要的国际组织,解释美国的宪政原则和国内外政策,尤其是美国的民主和人权观念对世界的影响,意识到美国也同样受到世界上其他国家政治、经济、技术、文化、人口和环境的影响。

二、宪法与宪政

《美利坚合众国宪法》是美国的根本大法,奠定了美国法律制度和政治制度的基础,它既是美国三权分立政府建立和运行的依据,又限制政府权力防止滥用,保护公民个人权利,内化于宪法中的民主价值和原则又促进了美国法律体系的完善和宪政民主的不断进步。根据《国家标准》对学生的要求,学生主要应该了解宪法、法制和宪政三个方面的内容。

第一,宪法。《国家标准》对学生的学习要求列举如下:(1)宪法的内涵。描述美国宪法是什么,描述"宪法"这个术语的不同含义。宪法有时指一个文件,有时是对一种政府形式的描述。(2)区分有宪法的政府和宪法政府。(3)美国宪法的性质、目标、意义和重要性。(4)宪法的作用。解释宪法怎样确定政府的目标,怎样描述政府的组织方式,怎样分配、共享和限制政府权力、责任,怎样定义个人和政府的关系,怎样体现一个政治体系的核心价值和原则,怎样能成为改变和解决社会问题的工具,怎样能成为维持社会核心价值和原则的工具。

第二,法制。《国家标准》要求学生能够(1)学习法律与法制,理解法律的来源,解释法制和"人治"、法制与拥有法律的区别,了解法定诉讼程序的基本概念,理解法制是宪政政府的基本组成部分。(2)区分法律的类别,法律有神法、自然法、不成文法、成文法、国际法等不同形式,了解美国的主要法律:宪法、民法和刑法。(3)解释法律的目的与功能,了解法律法规能够被用于规范行为,提供秩序、预见和安全性,保护权利,提供福利,限制政府机关权力;解释法治是如何被用于限制个体公民和政府官员的行为。(4)评估法律条款,辨别具体法律法规的优势和缺陷,了解评估法律法规的标准,如是否公平,是否可行等。(5)理解法律的重要性,说明宪政体系中法律的地位和重要性,分别解释法制占据中心地位的事件和法制缺失的事件;解释法制对于保护个人权利,倡导公共利益的重要性;解释缺失法治的后果,如社会混乱。

第三,宪政。《国家标准》列举了如下重要知识点:(1)宪政民主,要求学生掌握宪政民主的目标、理想和重要性,美国宪政民主的渊源、发展和改进美国的宪政民主的方式,宪政民主的活力来源,宪政民主中的公民资格,古典自由主义和古典共和主义思想对美国宪政民主的影响等内容。(2)宪政政府,要求学生能够说明宪政政府的中心思想、基本理念与基本特征,孕育宪政政府的社会经济和政治条件,美国创建宪政政府的历史及主要事件;阐述古典自由主义和古典共和主义思想在美国宪政政府构建中的作用,分析美国在建国时组建宪政政府外其他可供选择的方法,各种不同形式的优缺点,评估一些国家创建宪政政府成功(如德国、日本),一些却没有成功(如肯尼亚、尼日利亚)的理由。(3)宪政体系,重点要求学生能够了解与区分宪政政府、独裁体制与集权制度。(4)宪政价值观和原则。关于宪法和宪政知识最鲜明的特征是,在《国家标准》文本中,宪法、法律和宪政几乎与所有政治相关的词汇连接使用,如美国宪法、联邦州宪法、宪政政府、宪政原则、宪政价值观、宪政民主、宪政体系、宪政机制、宪法组织、宪法保护、宪法机构、宪法权利,法律知识无处不在,将法律寓于所有的知识点中向学生进行灌输。

三、公民

第一,公民身份,也称为公民资质。《国家标准》列举的知识点包括以下三个方面的内容:(1)美国公民身份。学生被要求理解美国公民身份的内涵、重要特征与意义。(2)公民与非公民。学生应该理解什么是美国公民;说明成为一个美国公民的方法和途径;认识到公民是一个国家从法律上认可的成员;说明公民和非公民、外国人的区别;描述非公民成为公民的过程;比较加入美国国籍和其他国家国籍的优缺点;评价美国法律规定给予外国人美国公民身份的标准。(3)公民角色。每个公民被描述为自治社区的完整和平等成员,被赋予基本的权利和义务。

第二,公民权利与公民义务。《国家标准》列举了以下重要知识点或界定性观点:(1)个人权利、政治权利和经济权利。美国法律体系赋予所有公民一定的权利、特权和责任。学生应该知晓自身的个人权利、政治权利和经济权利,明确三类权利的法律来源和保障;认识三类权利的相互关系,区分三类权利的范围和意义;解释三类权利对于个人和社会的重要性;对涉及个人权利的事件进行分析,并选择立场。(2)权利与义务的关系。学生应该理解个人权利的重要性必须伴随对个人和公民义务的考察;明确个人义务和公民义务的内涵与区别;评价公民纳税、遵守法律等义务的重要性;说明公民义务的意义。(3)公民义务履行。为了美国民主的繁荣,公民不仅应该注意他们的权利,他们还必须负责任地履行一个自治、自由和公正社会公民所需的义务,并分析哪些情况下,美国公民有义务使个人权利和利益服从于公共利益;评价宪政原则或道德责任是否需要个人拒绝承担一定的公民义务;对涉及个人义务的事件,如总统选举的低投票率,逃避陪审员服务职责进行分析和评价,选择立场。

第三,公民参与。《国家标准》列举了以下重要知识点或界定性观点:(1)公民参与的方式。公民参与方式包括政治参与与社会参与两种类型,政治参与指正式的政府和机构程序,如参加政党、竞选和选举;社会参与包括参与社会机构和群体,学生应该能够区分政治参与和社会参与,说明其差异性和重要性,以及两种参与的形式和途径,并说明参与公民生活、政治生活和达成个人目标、社会目标的关系。(2)公民参与的渠道。在美国,政治体系和政治权力机构为公民提供了多样的参与渠道,学生应该能说明电视、报刊、新型电子沟通方式等媒体对公民政治参与的影响;说明政党、竞选和选举、利益群体、工会和专业组织怎样为公民提供参与政治进程的机会;说明公共政策在国家、州和地方层面的形成和执行,以及个人可以在该过程中发挥的作用;描述公民能影响政府决定和行为的方式,监督和影响的方式。(3)公民参与的重要性。美国民主的状况取决于公民知情、有效地参与,公民参与是公民监督和影响政治程序、政府行为的重要方式,要求学生理解参与的重要性,是学生积极实现政治参与和社会参与的基础与前提。

第四,公民的品性,也称为公民性情。《国家标准》列举了以下重点学习内容:(1)个人特性;(2)公共特性;(3)良好公民品性的重要性。公民具有的品性或性格特征不仅能帮助个人成为政治系统中有效和负责的参与者,而且能有益于美国民主的健康发展。这些性情既包括个人特性,如道德责任、自律、尊重个体价值和人性尊严、同情,也包括公共特性,如礼貌、尊重法律、公民思想、批判思想、坚持、协商和妥协的意愿,其他重要的品质还包括履行作为社会成员的道德和法律义务、尊重他人权利、诚实、开明的态度、关注和关心公共事务、爱国主义、忠于美国民主体制的价值观和原则等。学生应该能够解释这些特定性情和性格品质对自身和美国"宪政民主"的重要性,认识到这些公民品质不仅可以引导个人成为独立社会成员,提升公民效力,也能促进美国民主的健康运作。

四、价值观与原则

美国民主的基本价值观和原则为美国人提供了共同合作以促进个人、社区和国家目标达成的基础,这些价值观和原则体现在《独立宣言》《美国宪法》、葛底斯堡演说和其他许多重要的文件、演讲和书面材料中。《国家标准》认为,学生学习这些基本的文件,理解其重要性,是他们理性认同这些价值观和原则的基础,对维护和促进美国民主是至关重要的。《国家标准》列举了以下几点对学生的学习要求。

（1）基本的价值观、原则与信仰。该部分知识要求学生能够列举出《独立宣言》《美国宪法》和《权利法案》中包含的美国民主的基本价值观、原则和信仰。基本的价值观包括个人生命、自由、财产和追求幸福的权利，公共利益或共同利益，自治、司法，机会平等，多样性，真理，爱国主义。宪政民主的基本原则包括人民主权论，即人民是至高无上的，他们是政府权力的终极来源；政府权力由法律决定；决定地做出遵循少数服从多数原则，但少数人的权利也应得到保护；人们通过选举代表代替他们制定、应用和实施法律，通过处理纠纷的方法间接行使权力等。信仰包括信仰机会平等，相信通过个人或者合作性的努力可以缓解社会、经济和政治冲突。这些价值观、原则和信仰包含最基本、最核心的条款，如宗教信仰自由、言论自由和新闻出版自由的权利，依法治国的权利，与此同时，也包含生活中约定俗成的共同信仰和价值观，如强调个体，他们所在学校、社区、州和国家的重要性，重视机会平等、平等保护条款的重要性，尊重教育、法律、工作和志愿精神的重要性等。

（2）价值观与原则的重要性。学生应该能够解释美国社会具体的价值观和原则对学生个体、所在学校、社区和国家的重要性，解释美国公共生活和宪政民主中统一的基本价值观、原则和信仰对于维护和改进美国政治制度的重要性；正确认识基本价值观和原则产生冲突的事件，如自由与和平之间发生冲突，个人权利与公共利益之间发生冲突的事件，选择立场并为之进行辩护。

（3）价值观与原则的载体。学生应该理解并认同提出这些为美国社会所共享的价值观、原则和信仰的基本文件，解析和描述代表这些共享价值观、原则和信仰的标志，如国旗、国歌、自由女神、总统就职演说；说明政府机构的运行怎样反映基本的价值观和原则；描述美国的国庆日、阵亡战士纪念日、感恩节、美国退伍军人节等节日怎样体现了这些共享的价值观、原则和信仰，宪法建立的政府怎样使美国民主的基本价值和原则具化到人们的生活中。

（4）社会多样性与主流价值。作为移民国家，美国也是世界上多样性特征最明显的国家之一，《国家标准》要求学生正确认识社会多样性与共享的基本价值观、原则和信仰的关系。学生应该能够描述美国社会的多样性，如种族、人种、宗教、阶级、语言、性别和来源国，解释美国多样性存在的原因，描述这种多样性存在的益处和缺陷,政治冲突的特点;如何阻止、处理多样化产生的矛盾,学习冲突的预防和管理方法,分析美国历史上的南北冲突、宗教冲突等多样性导致的冲突,以及冲突解决的方法;描述美国历史上和现在的政治冲突,说明政治冲突在美国比在其他国家更少导致分裂的原因;解释人们怎样通过共同合作以促进美国民主价值和原则的维护和传承。最后,学生还需要了解公共教育和主流方法通过什么方式促进人们认同共享的价值观、原则和信仰;认识美国政治和社会生活中理想和现实的差异,和为了减少差异而进行的努力。

这部分知识的终极目标是让学生认识到,相对于其他国家,美国的公民身份或者说美国的同一性是因为公民共享的政治价值观、原则和信仰,而并非他们使用相同的语言、拥有相同的国籍等。学习和认同美国基本的价值观、原则和信仰,并以此指导自身的政治行为已经成为美国加强凝聚力,发展民主政治和增强综合国力的基础。

第四节　公民教育课程国家标准的特征

一、体系设计上的主题性

《国家标准》的内容设计,从与学生息息相关的社会生活和政治生活出发,将知识和技能概括为五大核心主题,且五大主题相互关联,密切联系。例如,了解美国有限政府的构建和职能,是理解美国“宪政民主”基本价值观和原则的前提;理解美国的基本价值观和原则,能更好地维护公民权利,履行公民义务;知晓美国与其他国家,以及世界事务的联系,才能成为具有全球意识的公民。

在每一核心主题标准体系中,相关知识点以小问题形式引出,逐级展开,紧紧围绕主题统一设计教学纲要。先概述教学目标,说明学生应该掌握的知识、拥有的技能,再指出学生掌握相关知识和技能的必要性和重要意义,最后逐一列举学生所应达到的具体要求,并举例说明。以主题凝练内容,各个主题紧密联系,知识点相互补充,涉及公民在全球化时代所需的基本政治知识和技能,构成一个结构完整的教学参考体系,既鲜明地突出了主题,又使结构严谨清晰,而且所有知识点、教学要点都有了最终隶属。

二、结构布局上的层递性

在结构布局上,《国家标准》横向遵循"基本范畴—重要范畴—具体范畴"的演绎路线,由政府、政治等最本质、最基础的基本概念入手,逐次铺开,再介绍政府权力、有限政府、无限政府等需要加深理解的重要概念,帮助学生从抽象的概念,过渡到现实政治和社会生活,再通过联邦政府、州政府、地方政府等一系列具体概念,将知识点落脚于公民生活中熟悉的具体概念与事件中。

在纵向结构上,《国家标准》将幼儿园到十二年级划分为 K－4,5－8 和 9－12 三个学段,以不同学段为时间轴,难度层层递进,对知识和技能的要求依次提高。表 4－6 为主题(4)"美国与其他国家、以及世界事务的联系"所包含的知识点,从表中可以看出,幼儿园到四年级水平阶段仅要求学生能说明世界被划分为国家,以及国家间交流的主要方式;五到八年级水平阶段要求学生能解释主权国家和国际组织的概念,说明主权国家间的相互作用,美国与其他主权国家的相互影响,并具体到列举国家间相互影响的方式:贸易、外交、订立条约和协议、人道主义救助、经济激励和制裁、军事力量和武力威胁等;九到十二年级,要求学生能够评估美国国内政策和宪政原则怎样影响它与世界的关系,包括政治、经济、技术、文化、人口、环境、国际组织的发展对美国造成的影响,选择一种立场并为其辩护。

由此,《国家标准》的结构布局横向以五大核心主题为线索,紧密相关、相互补充,纵向以不同学段为时间轴,层层递进、逐级铺陈,知识和技能的习得最终通过公民具体的政治参与行为体现,构成一个系统的公民学课程体系。

表 4-6　"美国和其他国家、以及世界事务的联系"知识点总结

	k-4	5-8	9-12
公民知识	国家； 国家间的联系。	主权国家； 主权国家的相互作用； 美国与其他主权国家的关系； 国际组织； 美国民主概念和世界个人权利的影响； 政治、人口和环境发展。	主权国家； 主权国家的相互作用； 国际组织； 美国民主概念和世界个人权利的影响； 政治发展； 经济、技术和文化发展； 人口和环境发展； 美国和国际组织。
公民技能	说明世界被划分为不同国家，这些国家相互联系； 说明国家间交流的主要方式。	解释政治上世界是怎么组织起来的； 解释主权国家怎样互相影响； 解释美国对外政策怎样制定，及其实施的方式； 描述美国政治观点对其他国家的影响； 解释世界上重要政治、人口和环境趋势的影响。	解释政治上世界是怎么组织起来的； 解释主权国家怎样互相影响； 评估国际组织在当今世界的作用和功能，选择立场并进行辩护； 评估美国政治思想对世界的影响，选择立场并进行辩护； 评估重大国际政治发展对美国和其他国家的影响，选择立场并进行辩护； 评估重大经济、技术和文化发展对其他国家的影响，选择立场并进行辩护； 评估美国和国际组织应有的关系，选择立场并进行辩护。

三、内容框架上的开放性

《国家标准》的开放性首先体现在自身的不断完善性。标准文本中明确指出，"该标准并不是一个静态的或者'已完成的'文件，而是形成了继续讨论的基础，它会根据研究进展、新的认知和公共评论进行周期性的修改"。标准发行后，美国公民教育中心一直致力于该标准的推广、教师培训、专业指导和成果追踪工作，并组织专家、学者和一线教师针对反馈情况进行内容调整。

其次，作为一个"准出"标准，《国家标准》实质上仅提供了一个可供参考的课程框架，而并不是具体的课程大纲。各州、各地方政府、学区、甚至教师都可根据

实际情况自主选择教学内容,地方政府可以依据地方学生规模、师资力量、文化传统制定联邦州的课程标准,学区可以组织安排课程并选择教材,任课教师则可根据课堂教学实际情况灵活选择教学方式,根据课程进度灵活选择教学内容,这也体现了《国家标准》指导上的开放性。

受到学校教学课时、师资力量等限制,某些地区不能为学生提供 K – 12 年级全面、系统的公民学教育,而是会通过与其他学科知识的融合,学生特定阶段的需求,或者根据州和地区测验所规定的知识点,有选择地进行教学。低年级以"同心圆扩大模式"①为线索,综合公民学、地理、历史等知识,开设社会科综合课程,高年级开设单独的公民学/政府课程,是目前美国比较普及的一种开课方式。这种环境下,开放的国家标准,为各州、各学校根据需要选取教学内容,自主安排课程教学提供了可能。

四、意识形态上的价值取向性

《国家标准》文本的意识形态取向是国家意识的体现。从课程标准的颁布背景看,课程颁布于 20 世纪 90 年代初联邦政府全面干预教育时期,直接动因是《美国 2000 年教育战略》和《2000 年目标:美国教育法》中关于制定国家教育目标,尤其是国家公民教育目标的规定,联邦政府成为课程标准的倡导者。尽管《国家标准》的制定者是美国公民教育中心,一个非政府、非党派、非盈利的社会教育机构。但是追溯其合法性,《国家标准》的研发得到了美国教育部下属办公室——教育研究与发展办公室的政策和财政资助,要受到国家教育标准与改进委员会的指导和监督,是国家意识的体现。事实上,美国公民教育中心也是美国公民教育领域最重要、最知名的"智库"之一。从文本的内容看,《国家标准》文本明确规定,公民学与国家课程的终极目标是为了培养认同美国"宪政民主"的基本价值和原则,知性、负责参与政治和社会生活的公民。为了完成这一教育目标,标准文本完整地陈述了美国民主共和体制下合格公民所应具备的知识、技能和品性,采用言简意赅的肯定性语言和对学生所应达到要求的标准性规定,提出了对学生的要求,要

---

① 指根据地理区域的由近及远为线索来设计学习内容。

求学生了解美国的历史和政治,希望学生将美国社会的民主思想、"宪政政府"、政治制度等观念内化于自身思想体系,认同美国的主流政治思想、政治价值和政治体系,并以此为指导具体的参与政治和社会生活。整个知识结构体系设计中,课程内容反复提到美国身份,美国的民主、基本价值观和原则,要求学生能够认同个人权利、爱国主义等价值观,人民主权、"宪政政府"的基本原则,以及美国的民主制度和政治文化,需要学生说明美国公民身份的意义,以及美国社会所共享的价值观、原则的重要性等,充分体现了美国主流政治思想和政治价值。

第五章

美国各州公民教育课程标准分析

美国《公民学与政府国家标准》是美国历史上第一份系统的公民学课程标准，它不仅为公民学课程的学习内容提出了指导性框架，而且为各州公民教育课程标准的制定提供了依据。但是由于国家教育体制所限，《国家标准》并不能直接干涉各学区的公民教育课程教学和学习，联邦州政府教育机构颁布的课程标准才对学校具有直接约束力。本章介绍美国各州的公民学课程标准框架，并选取纽约州"社会科学习标准"之公民学、公民身份和公民政府，加利福尼亚州"历史—社会科学内容标准"之公民学两份课程标准为案例，解析各州课程标准的内容，观察国家标准和州标准在课程内容限定上的异同。

第一节　各州公民教育课程标准概况与特征

在美国国家层面，美国国家教育部和大型基金会委托各学科具有影响力的社会组织负责制定学科课程标准作为全国公民教育课程的指导和参考性文本，这些文本中有独立的公民或政府、历史、地理等学科的课程标准，也有综合的社会科课程体系标准（包含公民学与政府知识）。但在联邦州层面，由于人力、财力、重视程度等因素的差别，州政府研究和发布课程指导文本的状况也不尽相同。

一、各州公民教育课程标准颁布时间与主要内容一览表

如表 5 - 1 所示：

表 5 - 1　美国联邦各州公民教育课程标准时间与内容一览表

	州	课程标准名称	公民教育相关要求与标准
1	Alabama 亚拉巴马州	Alabama Course of Study Social Studies (2010)	政府及它的历史基础;联邦、州和地方政府的相互关系;美利坚合众国的基本价值和原则;美国与世界上其他国家的关系;公民权利和义务,包括负责任的公民实践(5 点)
2	Alaska 阿拉斯加州	Alaska Content and Performance Standards: Government and Citizen-ship (2005)	政府与公民资格标准:权力、权利和义务;美国政府体系和民主理想的笔政基础;政府的特性;美国在国际事务中的角色;公民有效参与必备的知识和技能;美国与各州经济,及与全球经济的联系;经济决策与有效参与全球(国家、州和地方经济(7 点)
3	Arizona 亚利桑那州	Arizona Social Studies Standards (2006)(新课程标准 2018 年实施)	政府的基础(K - 12);政府的结构(K - 5,7 - 12);公民的权利、义务和角色(K - 12);世界政府体系(5 - 12)(5 点)
4	Arkansas 阿肯色州	Social Studies Curriculum Framework (2014)	K - 8 公民学包含政府和公民资格:政体和政府的角色;民主的基础;公民的权利与义务(3 点) 9 - 12 任选时段:公民学、美国政府课程:公民资格;政府的结构;美国笔政和选举;全球联系(7 点)
5	California 加利福尼亚	History - Social Science Framework for California Public Schools (2016)	社会政治素养:包含理解社会体系和政治体系的密切关系;社会和法律的密切关系;比较政治体系(3 点) 民主理解和公民价值:国家认同;笔政遗产;公民价值,权利和义务(3 点) 12 年级:美国民主的原则(1 学期)
6	Colorado 科罗拉多州	Colorado Academic Standards: Social Studies (2009)	政府起源、结构和功能的复杂性:有道德公民的权利、角色和义务;法律和不同级别政府所必需的技能(4 点)

续表

序号	州	课程标准名称	公民教育相关要求与标准
7	Connecticut 康涅狄格州	Connecticut Elementary and Secondary Social Studies Frameworks (2015)	以年级为线索，打乱学科界限制定学习框架，每个年级的大纲分为三块内容：社会科探究；主题与内容；学科概念与工具应用。高中阶段至少设置半个学分的公民学与美国政府课程，强调其在国家、州和地方事务的应用
8	Delaware 特拉华州	Delware State Standards for Social Studies: Civics (2016)	政府的结构、目标和宪政民主（政府）；美国政治体系基础的原则和理想（政治）；美国公民的义务、权利和特权（公民资格）；有效参与型公民必备的公民技能（参与）（4点）
9	District of Columbia 哥伦比亚特区	DC Social Studies Standards (2011)	以年级为线索，每一年级特定主题，将学科知识进行融合。12年级主题为美国政府的原则；美国政府的原则；政府部门；政府政治进程；公民的权利与义务；联邦政府与经济；比较政府（6点）
10	Florida 佛罗里达州	NGSSS: Social Studies Standards (2014)	公民学与政府标准：政府的基础、法律和美国政府构与功能；美国公民的权利与义务、参与技能；当代国际事务与美国外交政策；公民参与和政治参与；政府的结构（4点）
11	Georgia 佐治亚州	Georgia Standards of Excellence for Social Studies K-12 (2016)	9-12年级课程，美国政府/公民学；美国宪政体系的知识和政治哲学；政府本质和自然权利；美国宪政；国家政府机构和权力；联邦政府体系；公民自由和公民权利；公民有效参与的途径等17点
12	Hawaii 夏威夷州	Hawaii Content and Performance Standards for Social Studies (2005)	标准四：管理、民主和合作 标准五：参与和公民资格

续表

	州	课程标准名称	公民教育相关要求与标准
13	Idaho 爱达荷州	Social Studies Content Standards (2005)	9－12 年级，美国政府课程：美国政治体系的基础和原则；美国公民的权利与义务；民主的演变；比较政府（4 点）	美国政府体系组织和形成；美国政府体系的组织和形成；美
14	Illinois 伊利诺伊州	Illinois State Goals and Standards for Social Studies (2012)	美国政府的基本原则；美国、伊利诺伊州政治和政府的结构和功能；选举过程和责任公民；个人和利益集团在美国其他国家和州政体系中的角色和影响；美国外交政策；美国政治理想和传统（6 点）
15	Indiana 印第安纳州	Indiana's Academic Standards: Social Studies 2014	K－8 年级，公民学领域，政府的根基：政府的职能；公民的角色（3 点） 9－12 年级，美国政府课程：政治与政府的性质；美国政府的基础；美国政府的目标、原则和机构；美国与其他国家在世界事务上的关系；美国公民的角色（5 点）
16	Iowa 爱荷华州	Iowa Social Studies Standard (2017)	国家的进程与法律；民间机构与政治体系；公民美德与民主原则等
17	Kansas 塔萨斯州	Kansas History, Government and Social Studies Standards (2013)	9－12 年级，美国政府课程：公民的角色；公民价值；政治和政府；美国宪政的原则与基础；联邦政府的结构与功能；美国民主的人权与公民权利；内政外交政策；州与地方政府；政治、利益集团与媒体（7 点）
18	Kentucky 青塔基州	Kentucky Academic Standards: Social Studies (2015)	政府与公民学：民主的原则；政府体制；公民的权利与义务；政府的本质；美国代议民主的独特性；公民的角色等

续表

	州	课程标准名称	公民教育相关要求与标准
19	Louisiana 路易斯安那	2011 Social Studies Grade – Level Expectations	K-8 年级:政府与美国政治体系;公民资格;公民角色;政府的目的、基础与结构;公民素养;全球意识。9-12 年级,公民学课程:美国政府基础、结构与功能;美国外交政策;美国民主的公民角色;基本经济知识与原理
20	Maine 缅因州	Maine Social Studies Standards (2007)	公民生活、政治和管理体系;美国政府的目标、结构和功能;美国民主的原则与理想;美国公民的角色,权利,特权与责任;跨国间政府与人民的关系(5点)
21	Maryland 马里兰州	MD Social Studies Standards	9-12 年级,美国政府课程:政治和经济结构的目标、形式和类型;政府和宪政的基础与原则;立法机构;执法机构;司法机构;国内外政策;政府参与(7个单元)
22	Massachusetts 马萨诸塞州	Massachusetts history and social science curriculum framework (2003)	8-12 年级,美国政府:公民资格、政治与政府的性质;美国政府的基础;美国政府的目标、原则与机构;美国与其他国家在世界事务中的关系;美国公民的角色(5点)
23	Michigan 密歇根州	Social Studies Content Expectations	公民生活与政治生活的基础;美国政府的起源与基础;美国政府;美国与世界;美国公民资格;行动中的民主(6点)
24	Minnesota 明尼苏达州	Minnesota K-12 Academic Standards in Social Studies (2011)	公民技能;公民价值与民主原则;权利与义务;政府机构与政治进程;美国与其他国家的关系;美国与其他国家政府机构的关系(5点)

续表

	州	课程标准名称	公民教育相关要求与标准
25	Mississippi 密西西比州	2011 Mississippi Social Studies Framework	9–12 年级：美国政府课程：美国民主的基础原则和道德价值；政府三大机构的角色和责任；民主的公民及其与国家的关系；比较政治体系；公民的权利；美国政治与经济；民主社会的基本价值与原则(7 点)
26	Missouri 密苏里州	Social Studies Grade and Course Level Expectations (2007)	分为共和国的原则；治理体系的原则与进程；密苏里、美国与世界历史；经济概念与原则；个人、团体与机构，文化传统间的关系；社会科学调查工具模块，每个模块都包含政府知识
27	Montana 蒙大拿州	Montana Standards for Social Studies (2015)	政府的目标，责任；美国政治体系与比较政治体系；个人的责任与义务；民主的基本原则；宪法，法律与政策；公民参与等知识
28	Nebraska 内布拉斯加	Nebraska Social Studies Standard (2011)	公民学标准：政府的形式与功能；公民参与(2 点)
29	Nevada 内华达州	Nevada Social Studies Standards (2015)	公民学标准：公民资格与法律；联邦系(联邦制与政府机构)；政治过程(选举与领导)；全球联系(4 点)
30	NewHampshire 新罕布什尔州	K–12 Social Studies NH Curriculum Framework (2006)	公民学标准：政府的本质与目标；美国与新罕布什尔政府的机构与功能；世界与美国的地位；权利与责任(4 点)

续表

	州	课程标准名称	公民教育相关要求与标准
31	New Jersey 新泽西州	NJ Student Learning Standards for Social Studies (2014)	公民学主题：公民学，政府与人权，21 世纪的积极公民资格等
32	New Mexico 新墨西哥州	Social Studies Content Standards (2016)	公民学标准：政府的基本目标；概念、结构与功能；公民的权利与义务；美国与墨西哥政府等内容
33	New York 纽约州	NYS K - 12 Social Studies Framework Introduction? (2014)	公民学标准：权力，权利与管理；公民理想与实践等内容 11 年级：美国历史与政府课程；12 年级：政府参与课程
34	North Carolina 北卡罗来纳	Essential Standard for Social Studies (2014)	9 - 12 年级，公民学与经济课程：美国政府的发展；美国政府体系的结构、功能与关系；法律体系的发展，执行和保护公民权利；公民参与；国内外政治和法律体系
35	North Dakota 北达科他州	Content and Achievement Standards: Social Studies (2007)	公民学标准：公民资格；政府体系；种族主权；历史和哲学基础；历史和当代政治过程；公民的权利与义务（6 点）
36	Ohio 俄亥俄州	Ohio's 2010 Academic Content Standards for Social Studies	9 - 12 年级，美国政府课程：公民参与；美国宪法的基本原则；联邦政府的结构功能；人民的作用；俄亥俄州和地方政府；公共政策；政府与经济（7 点）

续表

	州	课程标准名称	公民教育相关要求与标准
37	Oklahoma 俄克拉荷马	Oklahoma Academic Standards for the Social Studies (2012)	公民教育课程标准涵盖的时间涉及学前教育到十二年级、学前教育到八年级阶段、每个年级都包含公民学内容，九到十二年级学课程：俄克拉荷马历史与政府课程(5点)、美国政府(权利保护与义务界定)课程(5点)
38	Oregon 俄勒冈州	Oregon Social sciences academic content standards (2011)	公民学标准：政府，公民关系及公民参与；全球、种族、国家，州和地方事务；政党，利益集团和媒体的机构，功能与影响；美国政府的形成，政府的功能，影响与比较；美国赖以建国的重要文件，演讲及影响；社会多样性(7点)
39	Pennsylvania 宾夕法尼亚	Academic Standards for Civics and Government (2012)	政府的原则和文件；公民的权利与义务；政府怎样工作；国际关系(4点)
40	Rhode Island 罗得岛	Rhode Island Grade Span Expectations for Social Studies 2008	公民学标准：政府的起源，形式，目标与权力；美国宪政与政府；公民的权利与义务；公民的政治参与；全球联系与影响(5点)
41	South Carolina 南卡罗来纳	South Carolina Social Studies Academic Standards (2011)	9-12年级，美国历史与宪政课程，美国政府课程：基本政治理论与概念；美国基本政治原则与理想，美国政府的机构，功能与权力分配；公民权利与义务；公民自由等内容
42	South Dakota 南达科他州	South Dakota Social Studies Content Standards (2015)	公民学或政府课程标准：不同政府形式及其特征；政府的结构，功能与权力；美国宪政理想；美国民主原则；美国外交政策；公民的权利与义务；公民参与等内容

续表

序号	州	课程标准名称	公民教育相关要求与标准
43	Tennessee 田纳西州	The Social Studies Curriculum Standard (2017)	9－12 年级，美国政府课程：政治和政府的作用；宪政和宪法的作用；主要政府形式及其特征；美国法律体系的作用；联邦制度等内容
44	Texas 德克萨斯州	Social Studies Texas Essential Knowledge and Skills (2010)	9－12 年级，美国政府课程：美国政府的原则、影响、结构、功能和权力；美国宪法的原则与理想；比较政治体系；个人、政党、利益集团与媒体等内容
45	Utah 犹他州	Utah Core Standards: Social Studies (2008)	美国政府与公民资格课程：宪法和宪政的重要性及影响；美国个人和团体的保护与特权；美国联邦体系中各级政府权利分配；公民的责任；基本经济原则及其影响(4 点)
46	Vermont 佛蒙特州	History and Social Science Grade Expectations (2004)	公民学标准：公民的角色、权利与义务；公民参与；政府的组成、功能、全球联系；政党、竞选与选举；美国政治体系；比较政治体系等知识
47	Virginia 弗吉尼亚州	History and Social Science Standards of Learning (2015)	公民学标准：公民的权利、义务、责任与品质；美国政府的形成、组成和职能；美国宪政政府的基础、重要性和基本原则；美国的民主；弗吉尼亚政府与人民；比较政治体系等知识中学阶段包括两门公民教育课程：公民学经济；美国与弗吉尼亚州政府
48	Washington 华盛顿州	Washington State K－12 Social Studies Learning Standards (2013)	公民学标准：美国理想与原则；政府、法律和政治体系的目标、组织和功能；国际组织与美国外交政策；公民参与(4 点)

续表

	州	课程标准名称	公民教育相关要求与标准
49	West Virginia 西弗吉尼亚州	The Next Generation Content Standards and Objectives for Social Studies in West Virginia (2011)	公民学标准：公民的权利、责任、特权与义务；法律法规；政府的组织形式、机构与职能；美国民主的价值、原则与信仰；公民参与；政府组织、利益团体与国际组织；比较政治体系；全球问题；西弗吉尼亚宪法与法律；意识形态与国际事务等内容
50	Wisconsin 威斯康星州	Wisconsin Model Academic Standards for Social Studies (1998)	政治科学与公民资格：公民的权利、责任与义务；宪政民主的形成与基本原则；政府的设置职能；公民参与；法律的作用；政党与利益集团；比较政治体系与国际组织等内容
51	Wyoming 怀俄明州	Wyoming Social Studies Content and Performance Standards (2014)	内容标准：公民资格、政府与民主；文化与文化多样性；生产、分配与消费（经济）；时间、连续性与变化（历史）；人、地与环境（地理）（5点）

123

二、各州公民教育课程标准的呈现形式

我国学者李稚勇教授将社会科的课程取向分为社会中心、学科中心和学生发展中心三种基本类型。社会中心指社会科的课程设计者将社会科学领域所有学科知识综合起来,削弱各学科的界限,重视方法论的教学;学科中心既注重单独的分科课程设置,也注重学科之间知识的衔接与融合,在美国一般以历史学科为主线串联各学科知识,是一种学科综合形式;学生发展中心,即以学生的社会性发展为核心,打破原有学科体系,形成主题教学模式。如表 5 - 1 所示,尽管美国各州课程标准颁布的时间,出台的方式,使用的名称,内容的详尽不同,但都制定了包含公民学或政府标准在内的社会科教学指导文本,指导公民教育的课程教学。从公民教育课程标准在各州的呈现形式看,大体上可以分为以下四类。

第一类,低年级设置包含公民学知识的社会科课程,高年级分科,设置独立的公民学或政府课程。大部分美国州政府都采用该种方法呈现公民教育标准,如在弗吉尼亚州,社会科在 K - 3 年级开设历史与社会科入门课程,每一年级都包含公民学知识;4 - 12 年级分别开设弗吉尼亚学习,美国历史(- 1865),美国历史(1865 -),公民学与经济,世界历史与地理(- 1500 A. D.),世界历史与地理(1500 A. D. - 至今),世界地理,弗吉尼亚和美国历史,美国和弗吉尼亚州政府,其中较为系统教授公民学知识的有公民学与经济,美国与弗吉尼亚州政府两门课程。

由于社会科课程的课时和其他原因所限,高中阶段,相当一部分州在设置分科课程时,优先选择历史、公民学和地理课程,将经济知识并入公民学领域学习。在路易斯安那和犹他州,课程标准并不要求学校开设独立的经济学课程,而是将经济知识放入美国政府或相关课程中;在内布拉斯加州,6 - 8 年级有公民学与经济,12 年级有美国与内布拉斯加政治与经济,在学习的同时注重公民/政府学与经济学内容的相互关联性;在俄亥俄州,尽管有独立的经济课程,美国政府课程中也包含政府与经济主题,突出政治和经济的相关性。

唯一的例外是俄勒冈州社会科学学术内容标准。虽然也采用综合课程和分科课程的设置模式,在 K - 8 年级采用综合课程,但高中阶段仅开设美国历史和世

界历史课程,在课程标准中不强制要求学校开设独立的美国政府或公民学课程。尽管如此,该课程标准中对公民学的要求包含政府、公民关系及公民参与;全球、种族、国家、州和地方事务;政党、利益集团和媒体的机构、功能与影响;美国政府的形成;政府的功能、影响与比较;美国赖以建国的重要文件、演讲及影响;社会多样性七个方面,要求学生学习相关公民与政府知识。

　　第二类,规定学生在每一年级或年级段应该学习的公民学内容,或者在年级阶段学习结束时在公民学领域达到的标准,如福蒙特州、怀俄明州等州。在福蒙特州,社会科标准范围包括 Pre－K(Pre－kindergarten,幼儿园入学之前)－12 年级,文本首先将基础教育分为 Pre－K－K,1－2,3－4,5－6,7－8,高中六个学段,分别陈述学生应该学习的公民知识与政府知识,应该掌握的公民技能。在怀俄明州,社会科内容标准与表现标准适用于 K－12 年级学生,它将基础教育分为 K－2,3－5,6－8,9－12 四个学段,将社会科学习内容分为公民资格、政府与民主,文化与文化多样性,生产、分配与消费,时间、连续性与变化,人、地与环境,技术、文化与全球联系六个主题。其中与公民学相关的有公民资格、政府与民主,技术、文化与全球联系两大主题,标准分别陈述学生在结束 2,5,8 和 12 年级时应学习的内容,并给出测试标准,将学生学习表现分为不合格、基本合格、熟练和优秀四档以供参考。

　　第三类,社会科标准采用双线索,两条线索相互交织构建内容体系。如新罕布什尔州社会科标准中,第一条线索为十大主题,分别为矛盾与合作,公民理想、实践和参与,人、地与环境,物质欲望与需求,文化发展、影响与改变,全球化转型,科学、技术与社会,个人主义、平等与权力,社会和政治合作模式,人类表达与交流;第二条线索为公民学与政府、经济、地理和世界历史五个知识模块。在设计课程框架时,依次找出公民学知识模块与十大主题的结合点,以避免遗漏学科属性特征不明显的知识点,如公民学知识模块与人、地与环境主题的结合点有公共土地使用相关知识,公民学知识模块与科学、技术和社会主题的结合点有公民知识产权问题。此外,将公民学与政府知识的标准分为政府的本质与目标;美国与新罕布什尔政府的机构与功能;世界与美国的地位;权利与责任四部分,具体说明学生在不同学段应该学习的知识和掌握的技能。

第四类,非特定模式。缅因州的社会科课程标准对课程教学给予更为宽松的环境,它为学校提供了四种可供选择的方案,学校和老师可以自行选择进行教学。第一种是采用国家社会科标准发布的十大主题,即文化,时间、延续与改变,人、地与环境,个人发展与统一性,个人、团体与机构,权力、权威与管理,生产、分配与消费,科学、技术与社会,全球联系,公民理想与实践。第二种方案采用学科主题,分为公民学、经济、地理和历史四大学科主题,公民学主题设有五大标准,分别为公民生活、政治和管理体系,美国政府的目标、结构和功能,美国民主的原则与理想,美国公民的角色、权利、特权与责任,跨国间政府与人民的关系。第三种方案采用教育咨询家埃里克森(Lynn H. Erickson)的社会科概念主题法,将学习单元和课程进行整合,概括为矛盾/合作,模式,人口,系统,改变/延续,文化,演化,文明,人口/移民,依赖十个(组)概念组织教学。第四种方案是把 21 世纪所有要求学习的学科都划入社会科大纲,包括英语、阅读和语言艺术、世界语言、艺术、数学、经济、科学、地理、历史、政府与公民学 9 门学科,将其整合为四大主题,全球意识,财务、经济、商业和企业知识,公民知识,健康知识(可供选择),并认为前三个主题和跨学科教学能更好地对学生进行公民教育。

三、各州公民教育课程标准的文本特征

第一,各州颁布公民学课程标准时间上的不同步性。早在 1987 年,各学科国家标准颁布之前,加利福尼亚州教育会议就通过了"新历史—社会科学"课程方案,将历史作为核心课程,注重历史学与地理学、政治学、经济学的相互联系与衔接,构建了州社会科课程标准的范例,引起美国学者的热烈讨论,但并未广泛推广。国家标准化运动后,各州才陆续制定社会科课程标准,但各州的标准制定在时间上并不同步。根据所搜集和统计的资料,最早的州课程标准文本是阿拉斯加州 1995 年颁布的"社会科框架",围绕人类经验记录、公民能力和全球管理、认知和社会技能与过程三个原则,组织社会科课程。公民学被称为"政府/公民",包含公民、政府与经济知识;历史学习中也包含个人公民资格、管理与权利的知识,各学科没有清晰的界限,该标准目前已停止使用,被 2005 年发布的"阿拉斯加州内容与表现标准:政府与公民资格"所替代,且该标准也在不断进行修订,已发行至

第四版。最新发布的课程标准为"爱荷华州社会科标准"和"田纳西州社会科课程标准"。"爱荷华州社会科标准"颁布于 2017 年,在 K－8 阶段按照年级设置标准,且每个年级都包含探究性标准与内容标准两块内容,探究性标准列举的是学科技能,而内容标准则具体说明了在给定学科领域里,学生应该知道什么和应该能够做什么;在 9－12 学段则按照行为科学、公民学与政府、经济、财政知识、地理、美国历史与世界历史几个学科领域制定内容标准。"田纳西州社会科课程标准"于 2017 年 6 月完成修订,预计 2019－2020 学年正式实施。它在 K－8 学段按照文化,经济,地理,历史,政治、政府和公民学,田纳西州历史六个领域分别制定内容标准、学习期望、州政府测试和教师考察指标,在 9－12 学段则设置了美国政府与公民学,社会学,当代问题研究课程,还要求有条件的学校开设比较政府与政治、美国政府与政治课程。使用最久的课程标准是 1998 年的"威斯康星州社会科学术标准模型",它从地理:人、地、环境;历史:时间、连续与变迁;政治科学与公民资格:权力、管理与责任;经济:生产、分配、交换与消费;行为科学:个人、机构与社会五个领域,分别制定内容标准与学生结束四、八和十二年级学习时应达到表现标准。修改次数较多的州课程标准有亚拉巴马州"社会科课程学习"和加利福尼亚州的历史—社会科大纲等,前者分别于 1998 年、2004 年和 2012 年根据课程标准的实践状况和反馈,对课程标准全面修订,后者也于 1998 年、2005 年、2010 年和 2016 年进行了修订和完善。

第二,各州课程标准颁布方式和执行的多样性。绝大多数州由州教育部门发布社会科标准的大纲、框架或指导性文件,对本州各学区学校公民教育课程提供规范和参考。有些州以教育法案形式公布以体现权威性、重要性和强制性,如西弗吉尼亚州在 2012 年以教育立法通过了"新一代西弗吉尼亚州公立学校社会科内容标准与目标"修正稿,陈述了在公民学领域,学生每一年级的学习内容与学习目标,并将学生的学习表现分为合格、基本熟练、熟练、良好和优秀五个等级,该法案于 2012 年 3 月 16 日通过,当年 7 月 1 日生效。有些州标准具有开放性,如威斯康星州标准指出,州"社会科学术标准模型"的基本原理,各学区可以参考美国公民教育中心的《国家标准》,全国社会科委员会的《卓越的期望:国家社会科课程标准》等文件,该州不再规定学生在每一年级学习的具体内容,而只是提出学生在完成四、八和十二年级时,在政治科学与公民资格领域应该学习的知识与技能,并给出对应的表现评价体系,管理较为宽松,学校和教师对课程的自主性更强。佛罗里达州曾使用的课程标准甚至并未使用该州名称,而采用其别名——"阳光之州社会科标准",更加强调地方特色教学。

第三,各州课程标准中使用学科和课程名称的差异性。这里所说的学科名称特指关于公民的学科,它是一门以历史、地理等社会科学课程为基础,教授公民认同国家的基本价值和原则,并负责、有效参与国家政治生活所必备知识、技能和品性的学科,而并非某一门称之为"公民学"的课程。但美国特殊的教育体制使该学科拥有诸多名字,如美国公民教育中心称其为公民学与政府;社会科评估、课程与教学联盟与国家社会科协会,以及其他 14 个机构则将其称为公民学。在联邦各州制定学科标准时,对该学科名称的使用差异性则更大,如表 5 - 2 所示,亚拉巴马州使用政治科学,阿拉斯加州使用政府/公民资格,哥伦比亚特区使用政治和政府,夏威夷州、爱荷华州使用政治科学/公民学,密歇根州使用美国政府,俄亥俄州和南卡罗来纳州使用政府。使用最为频繁的是公民学(28 个州),公民学与政府或者政府与公民学(14 个州),占绝大多数,各州课程标准中用词的倾向性也是本书选用公民学,而非公民学与政府作为学科名称的重要因素。具体到各州在高年级阶段开设的独立的公民学课程名称,差异性则更为明显。比较普遍的名称是美国政府课程,是大部分州高中阶段的必修课程,同时亚拉巴马州有公民资格课程,阿肯色州有公民学课程、公民学与美国政府课程,加利福尼亚州有美国民主原则课程,明尼苏达州有美国历史与政府课程,纽约州有政府参与课程、美国政府与经济课程,特拉华州有公民实践课程、公共政策课程、公民资格课程。

表5－2　美国各州公民学学科与代表性课程名称①

州名	学科名称	代表性课程	州名	学科名称	代表性课程
阿肯色州	公民学	公民学 美国政府课程	伊利诺伊州	公民学/ 政治科学	——
弗吉尼亚州	公民学	美国与州政府 公民学与经济	马里兰州	公民学/ 政治科学	美国政府
科罗拉多州	公民学	——	康涅狄格州	公民学与政府	公民学
特拉华州	公民学	公民学与地理	佛罗里达州	公民学与政府	——
路易斯安那	公民学	公民学	爱达荷州	公民学与政府	美国政府
缅因州	公民学	——	印第安纳州	公民学与政府	美国政府
密西西比州	公民学	美国政府	马萨诸塞州	公民学与政府	美国政府
密苏里州	公民学	政府	新罕布什尔	公民学与政府	——
蒙大拿州	公民学		俄勒冈州	公民学与政府	
内华达州	公民学	政府/公民学	宾夕法尼亚	公民学与政府	
华盛顿州	公民学	——	罗得岛州	公民学与政府	
南达科他州	公民学	美国历史与 经济/地理与 公民学	北卡罗来纳州	公民学与政府	美国政府 公民学与经济
犹他州州	公民学	美国政府与 公民资格	肯塔基州	政府与公民学	肯塔基州
加利福尼亚	公民学	美国民主的 原则	新墨西哥州	政府与公民学	——
西弗吉尼亚	公民学	21世纪的 公民学	田纳西州	政府与公民学	美国政府

---

① 表中代表性课程栏"——"仅表示就笔者已收集到的资料而言,没有直接的课程介绍,不表示该州没有开设公民学课程。

州名	学科名称	代表性课程	州名	学科名称	代表性课程
怀俄明州	公民学	——	德克萨斯州	政府与公民学	美国政府
纽约州	公民学	美国历史与政府参与	亚拉巴马州	政治科学	公民资格美国政府
亚利桑那州	公民学/政府	公民学美国政府	哥伦比亚特区	政治和政府	美国政府原则特区历史与政府
乔治亚州	公民学/政府	美国政府/公民学	密歇根州	美国政府	公民学
内布拉斯加州	公民学/政府	公民学与经济/美国与州政府和经济	南卡罗来纳州	政府	美国历史与宪政美国政府
堪萨斯州	公民学/政府	美国政府	明尼苏达州	公民资格与政府	政府与公民资格
新泽西州	公民学/政府	——	阿拉斯加州	政府/公民资格	——
俄克拉荷马州	公民学/政府	美国政府州历史与政府	威斯康星州	政治科学与公民资格	公民学
俄亥俄州	公民学/政府	美国政府	北达科他州	政府与公民资格	——
夏威夷州	公民学/政治科学	民主的参与	福蒙特州州	公民学、政府与社会	——
爱荷华州	公民学/政治科学	美国政府			

第四,各州课程标准内容的一致性。梳理各州公民学课程标准的规定性内容,发现无论采用何种形式,无论对公民学课程内容标准解释的详尽程度如何,各州的课程内容标准显示出较高的一致性。例如,各州都非常重视州和地方政府知识的教育,将其作为州标准学习的重要知识点,而且西弗吉尼亚州、新罕布什尔州

等少数地区明确将州政府相关知识作为课程标准的核心框架,新罕布什尔州强调州政府的机构与职能,西弗吉尼亚州强调州宪法和州选举,甚至要求学生区分主要选举和一般选举,州选举和地方选举,党派选举和非党派选举。还有少数地区甚至将州政府名称置于课程名称之中,如哥伦比亚特区在十二年级要求学校开设哥伦比亚特区历史与政府课程,将该部分知识作为一整堂课程进行学习。总之,各州标准确定的基本核心知识,与公民教育中心《国家标准》相一致,都注重国家、政府、宪法、公民和价值观的学习,伊利诺伊州、密歇根州、纽约州、北卡罗来纳州等地区都在课程标准指导文本中明确写到,在制定课程标准时,参考了美国公民教育中心的《国家标准》文本,体现了各州公民学课程标准重视内容的一致性。

第二节 纽约州"社会科学习标准"之公民学、公民资格与公民政府

纽约州是美国的经济中心,其公立中学毕业生的学术能力评估测试(SAT)成绩在所有州中一直名列前茅,被公认为基础教育质量优异的联邦州之一。

一、纽约州之"公民学、公民资格与公民政府"学习标准简介

纽约州使用的"社会科学习标准"为1996年修订版,沿用至今。由于课程标准出版时间较早,为了适应新时期的教学,州教育部门通过颁布补充性教学大纲等方式增强学习标准的时效性,先后于1999年发布《核心课程指导资源》,2002年发布十二年级核心课程指导性文件。2014年,为了让学生毕业后顺利适应大学、职业和公民生活,纽约州又发布了侧重听、说、读、写四方面实用技能的《社会科大纲》,且于2016年和2017年分别进行了修订。该大纲与《社会科学习标准》紧密联系,共同指导着纽约州的公民教育教学实践。

根据纽约州的《社会科学习标准》和《核心课程指导资源》,社会科课程主要学习历史、地理、经济、政府和公民学,目的是教授与美国社会有效运转所必需的民主价值相关的知识,培养学生的政治参与技能和品性,帮助学生承担美国"宪政

民主"中负责任公民的角色。州学习标准涵盖五大领域：美国和纽约历史，世界历史，地理，经济，公民学、公民资格与公民政府。其中关于公民学的标准要求学生能够使用一系列智力技能来展示对如下知识的理解：建立政府，美国和其他国家政府体系，美国宪法，美国"宪政民主"基本的价值观，公民价值，公民身份的角色、权利和义务，包含参与社会和政治生活的途径。

在公民学领域，纽约州学习标准提出九个核心概念与主题：分别是正义、民族国家、公民资格、政治体系、权力、政府、决策制定、公民价值、个人权利。这些概念与主题，如节点般网罗了与学生日常生活息息相关的大部分公民学信息，并将这些独立、无序的信息进行重组和分类。学生应该学习的技能则被分为思考技能和思考策略。思考技能包括收集、解释、组织、分析、评估、合成信息的能力，即搜集信息、使用信息、呈现信息、参与人际关系和群体关系的技能；思考策略包含学生参与解决问题，做出决定，调查和构思的信息处理过程，即解释或发现问题，假定和调查数据，基于发现和调查做出决定，思考价值冲突，重新定义并适应价值冲突的策略。

为了达到教学目标，公民学课程的学习内容被进一步细化为四个模块，分别为：

模块一：学习公民学、公民身份和政府知识，包括学习政治系统；政府和公民生活的目标；不同时间、不同地点人们关于权力、权威、管理和法律的不同假定。

模块二：依照美国宪法、纽约州宪法建立的联邦政府和州政府的相关知识，包括基本公民价值（如正义、诚实、自律、正当程序、平等、尊重少数人权利基础上服从多数原则，尊重自己、他人和财产）、原则和实践，创建一个共享的有限的政府系统。

模块三：公民学和公民资格的相关知识，核心是在美国"宪政民主"与公民权利和义务视域中理解公民的角色。

模块四：公民学和公民资格的学习需要以下能力：对提议和假设展开调查，询问和回答争议性问题，对有争论的问题持怀疑态度，评估证据，得出合理的结论，以及培养和改善参与技能。

其中模块一和模块二明确注明改编自1994年《国家标准》。由于颁布时间较早,纽约州的学习标准并没有精确到年级,而是将 K–12 年级分为初级、中级和毕业三个阶段,每个阶段对学生的表现和行为提出要求。①

表 5–3　纽约州社会科学习的课程主题

年级	课程主题
幼儿园	自己和他人
1 年级	我的家庭和其他家庭,现在和以前
2 年级	我的社区和其他美国社区
3 年级	世界上的社区
4 年级	地方历史与政府(纽约州地区历史与政府)
5 年级	美国、加拿大和拉丁美洲(西半球世界)
6 年级	东半球世界
7–8 年级	美国和纽约州历史
9–10 年级	全球历史和地理
11 年级	美国历史和政府
12 年级	政府参与(与公民学);经济、企业与财务

根据社会科学习标准与学习大纲设定的各年级社会科教学的核心课程,K–12 年级的建议课程如表 5–3 所示,社会科在 K–6 年级为综合课程,以地理顺序由近及远为线索,串联社会科学各学科知识,在公民学领域集中表现为:公民资格的象征,公民资格的权利、义务和角色,人们制定和修改规则、法律;政府的目标、世界各国政府等知识。在 7–8 年级,主要是按时间的先后顺序学习美国和纽约州的历史,了解不同时间的政治、地理、经济和社会趋势。在 9–10 年级,基于低年级的综合学习,对各学科知识进行更深入的整合,并学习不同时间、地点的共同主题,如信仰体系、多样性、人权、爱国主义、政治体系、公民资格、权力、全球关联等主题知识。十一年级学习美国历史和政府,在学习美国代议制民主历史的同时,学习美国的基本原则和核心价值。十二年级的政府参与课程是单独开设的公民学课程,致力于帮助学生成为民主社会的积极公民。

---

① 2014 年发布的"社会科大纲"细化到以年级为单位,但侧重于听说读写能力培养。

二、政府参与课程

政府参与课程是纽约州的核心课程,也是州政府尝试推广的独立的公民学课程。根据纽约州 SAVE 法案(Safe Schools Against Violence in Education Act,平安学校反对暴力教育法案,2000)——礼貌、公民资格和品格教育的规定,学校应该保证在 K - 12 年级期间必须包含关于礼貌、公民资格和品格教育的课程。因为这些内容能帮助学生形成诚实、忍让、尊重他人品格等特质,帮助他们更好地参与社区生活。但是学校有权选择教学方式,同时在教育委员会关于一般教育和毕业要求的 100.5 条例[①]中,1985 年以后,学生在 9 - 12 年级必须完成 0.5 个学分的政府参与课程,或者由当地学校负责人批准的同等课程才能获得毕业资格。

2002 年,纽约州政府根据"公民学、公民资格与公民政府"学习标准中四个知识模块和技能要求,制定了政府参与课程的学习指导大纲。该大纲由教学方法、教学工具和技能、教学内容三个部分组成。

第一,教学方法:基于问题的方法(the Issue - Based Approach)。基于问题的方法是指一种思考方式和一种推理模式,是一个经过检验可靠的寻找和解决问题的方法,为课堂讨论,基于文献的研究和公民素养提供坚实的平台。该课程的中心是一个简单的四步问题分析过程,即寻找并阐述一个问题、背景调查、权衡和选择,例如:(1)学生首先提出一个问题,当地政府是否应该通过一个支持自行车安全的法律;(2)接着应该对现有法律和自行车的数据、安全事故等进行背景调查;(3)然后基于调查结果比较不同的观点和理由;(4)提出可供选择的方案,最后得出结论。

第二,工具和技能:基于社区的学习(Community - Based Learning)。政府参与课程不仅强调政治知识的学习,还要求学生成为社区的积极参与者,所以学习内容不仅包含在课堂对选定的公共事件进行调查,还包含课堂外的学习。课堂内的参与学习包含对公共问题和政策进行分析和讨论,课堂外则要求学生应该有足够的机会亲身经历公民学,学习怎样获取和使用社区资源,老师可以通过实地考察、

---

① 参见纽约州教育部门官网 http://www. p12. nysed. gov/part100/pages/1005. html"100. 5 毕业要求"的规定。

服务学习、实习、角色扮演等方式增加学生的社区经验。通过模拟的情境学习,真实地体验社区生活,学生能够逐渐理解社区问题的复杂性,培养多角度看待问题的方法,形成参与的习惯,掌握协商和与人交流等参与技能。

第三,教学内容。该课程主要内容分为七个单元,每个单元的主题、学习内容,对应的《国家标准》和纽约州社会科标准之"公民学、公民资格与公民政府"的要求如表5-4所示。

表5-4　纽约州"公民学、公民资格与公民政府"的要求

单元	主题	引导性问题	对应国家和州标准
1	哲学基础与比较视野	1. 什么是政府、政治以及法律的目标和原则?	国家标准主题Ⅰ和Ⅱ 州公民学标准模块一
2	比较视野中的公民资格	2. 什么是公民资格的作用与权利? 3. 怎么成为一位美国公民?	国家标准主题Ⅴ 州公民学标准模块三
3	公民资格、参与与选举过程	4. 你的投票有价值吗? 5. 政治政党体系怎样提供参与的选择和机会? 6. 你怎样准备投票? 7. 为什么人们会寻求公职? 8. 竞选和投票怎样提供参与的选择与机会? 9. 你怎样成为一个更有效的媒体消费者?	国家标准主题Ⅲ和Ⅴ 州公民学标准模块二
4	法定义务	10. 为什么18-26岁的男性需要进行义务兵役①登记? 11. 税收的公民学内涵是什么? 12. 你怎样应对一个陪审团服务②的召唤? 13. 一个民主体系中陪审团的重要性	国家标准Ⅴ 州公民学标准模块三

---

① 美国实行义务兵役制,主要目的是在志愿兵力不足以应对战争需要或应付其他国家紧急状态时向军队提供兵力增援。年龄在18-26岁的美国男性居民,除特殊情况外,都应在具备资格后30天内进行义务兵役登记。

② 美国法律规定,每个美国成年公民都有担任陪审员的义务,法官从选举站的投票名单或电话号码本上随机选择,经过法官、双方辩护律师的审查合格,成为陪审员成员。

单元	主题	引导性问题	对应国家和州标准
5	公共政策和政治参与	14. 你怎样寻找和评估感兴趣的公共问题的信息? 15. 哪个(些)政府应该回应某一特定公共政策事件? 16. 公共政策过程怎样运作? 17. 公共政策过程怎样反映美国民主的目标、价值和原则? 18. 公民怎样参与到公共政策或政治机构中?	国家标准Ⅱ、Ⅲ和Ⅴ 州公民学标准 模块二、三、四
6	法定权利和义务	19. 什么是公民生活、工作场所和学校中个人的法定权利与义务? 20. 当你游走于国际舞台时,法定权利和义务怎样变化?	国家标准Ⅲ和Ⅴ 州公民学标准 模块二、三
7	选择一个最终问题(可选)	21. 哪种类型的公共问题能被选择作为一个终极问题?	国家标准Ⅴ 州公民学标准模块三

　　根据学校标准与学习大纲的规定,作为 K–11 年级社会科课程中公民学知识和技能内容的整合,学生在十二年级学习政府参与课程,通过该课程学习政府、公民权利和义务的基本知识,掌握参与公民生活的各项技能,逐渐成长为负责任的公民。尽管纽约州的《社会科学习标准》的主要内容为 1996 年版本,并未进行大规模修订,但是核心课程的指导文件(如 2014 年发布的《社会科大纲》)有关各学段的具体要求在不断更新,以适应新的变化。

第三节　加利福尼亚州"历史——社会科学内容标准"中的公民学

　　加利福尼亚州是美国经济最发达,人口最多的州。加州社会科学课程指导标准出台于 20 世纪后期,早于国家教育标准化运动之前,它所确定的历史—社会科大纲,在课程结构上不同于美国公民教育中心和全美社会科协会的公民学课程,被马萨诸塞等州学习和参考,也是比较普遍的一种社会科课程结构,具有鲜明的代表性。

一、加州"历史——社会科学内容标准"简介

加州目前使用的社会科标准为加州教育局发布的"加州公立学校 K – 12 年级历史—社会科学内容标准"和"加州公立学校历史—社会科学大纲"。两份指导文件分别首次发布于 1998 年与 2005 年,而后《社会科学大纲》历经多次修改,本书中使用的版本为 2016 年修订版。两份文件并非独立存在,内容标准是教学大纲制定的依据与重要参考,大纲为内容标准的实施提供指导方案,二者相辅相成共同为学生设计学习内容,指导学区社会科课程教学。

加州教育部门认为,历史趋势、经济环境、文化交流和人口特征的变化使现在比以往任何一个时代都需要人们理解国家的建国理想和哲学,社会科学课程致力于让学生有准备的参与国际、国家、州和地方事务。为了达到这一目标,学生需要了解历史和社会科学的背景知识。"历史—社会科学标准"致力于明确学生在 K –12 阶段每一年级需要掌握的内容,而并不是限定教学方法;基于标准的教育也并非剥夺加州各地区对学校的控制权,而是要求地方学校和教师与社区、家庭共同合作,认识到内容标准的重要性,并设计具体的课程和教学策略帮助学生进行学习;"历史—社会科学大纲"则为学生理解历史发展趋势和当代社会、政治、经济和文化环境提供教学指导。

两份课程指导文本突出历史的叙事手法,强调公民个体在历史中的作用,传达公民资格的权利与义务观。围绕这一主旨,加州的社会科课程以历史的前后顺序为线索,将美国建国的经历视为宪政共和的一种可贵经验,将美国为实现独立宣言和美国宪法理想而做出的努力视为维护国家"合众为一"①的重要财富,所以内容标准既强调美国政治机构,法律和意识形态等西方文明,也关注美国国家内部,世界上其他国家和地区间不断变化的政治关系。

加利福尼亚州将其历史—社会科学的教学目标分为三大类,如图 5 – 1 所示,其中,与公民学相关的标准要求如下:

---

① 美国是由具有不同宗教信仰的多族裔人口构成,合众为一这一共识意味政治上共同尊重的一些原则,如承认上帝的最高权威,政治权利的有限性等内容。

第一,知识和文化理解目标。历史—社会科学包含了人文社会科学领域的众多学科,加州内容标准所要求的学习目标包含历史、伦理、文化、地理、经济和政治知识。在政治知识目标中,学生应该理解社会和政治系统的密切关系;理解社会和法律的密切关系;理解民主和非民主的政治体系。

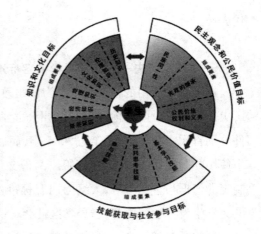

图5-1 加州历史—社会
科学教学课程目标

第二,民主观念与公民价值目标。历史—社会科学课程致力于帮助学生理解民族同一性,宪政的继承,公民价值、权利和义务。民族同一性要求学生能够认识美国是多元和多文化社会,由具有不同来源国和不同文化背景的人构成;理解美国信条是一种赞扬平等和自由的意识形态;认识美国不同历史时期少数群体和女性的地位;理解来自亚洲、太平洋岛屿和拉美移民的独特经验;理解美国作为一个移民国家在世界历史中的独特作用;认识真正的爱国主义,歌颂美国将具有不同文化、不同种族、不同地区和不同民族背景的人融合成一个国家的理想。宪政的继承目标要求学生理解国家宪政的继承,创造民主政府形式的宪法原则和民主原则,理解基本宪政概念的历史起源,如代议制政府、权力分离、陪审审判。公民价值、权利和义务目标要求学生理解参与型民主对公民的要求,民主体系需要的公民义务等知识。

第三,技能获取和社会参与。历史—社会科学课程对公民技能的要求集中体现为参与技能,批判思考的技能和基本的学习技能。民主政府的运转依赖受过良好教育且积极参与型公民的努力,参与技能不仅要求个人培养自己的社会需求、对社会问题的敏感度,对个人偏见和歧视的警觉,也需要培养聆听他人意见、领导和协作等团队合作的能力,还要发展社会和政治参与技能;批判思考的技能包括定义和解释问题,对相关信息进行判断,解决问题和生成结论;基本的学习技能包括听说读写等各方面的能力。

表5-6 加州历史—社会科标准的课程主题

年级	课程主题	
K	现在和许久以前的学习、工作	历史和社会科学分析技能
1	时间和空间中的儿童	
2	有重要影响的人	
3	连续性和变化	
4	加州:一个变化中的州	
5	美国历史和地理:一个新的国家	
6	世界历史和地理:古代文明	
7	世界历史和地理:中世纪和近代早期	
8	美国历史和地理:生长与冲突	
9	历史—社会科学选修课	
10	世界历史、文化和地理:现代世界	
11	美国历史与地理:20世纪的连续性和变化	
12	美国民主的原则(1学期);经济(1学期)	

　　根据教学目标,加州K-12阶段的具体课程设置如表5-6所示。整体来说,K-3年级主要向学生介绍历史、地理、公民学和经济四门学科的基本概念,逐步帮助学生构建基本的时空观念。四年级开始以历史为核心学科,各年级学习主题整体上遵循世界和美国历史的发生和发展线索,组织各学科的内容。十二年级开设美国民主的原则和经济学课程各一学期。与纽约州的学习标准不同,加州课程标准试图以历史为主线,串联各学科知识、民主价值、公民目标和参与技能。如六年级在学习世界上古代文明历史的同时,要求学生分析美索不达米亚、埃及、希伯来、希腊、印度、中国、罗马等不同时期的政治、地理、经济、宗教和社会结构,既学习各学科知识,也培养批判思考问题的能力。

二、美国民主的原则课程

　　美国民主的原则是加州十二年级的必修课程。课程标准制定者认为,尽管K-11学段都分别学习了公民学知识,但学生很难形成对美国政治体系系统、深层的理解,因此有必要在高年级开设专门的课程,讲授美国民主的原则,以深化系统教学。该课程要求学生比较世界上的各类政府体系,分析宪法、权利法案和政府立法机关、执法机关和司法机关的历史,重点强调联邦、州和地方政府的关系,关注《联邦党人文集》(Federalist Papers)①等重要的历史文件,并希望学生能够理解公民资格及公民责任,为参与社区生活做好准备。

该课程中,学生的学习内容包括以下六大部分。

第一,宪法和权利法案。学生应该关注构建《宪法》和《权利法案》的哲学基础。这两个文件连同《联邦党人文集》,一起被用于解释权力分离、权力制衡等主要宪政概念,以及建国者对人权及政治进程的理解。同时,学生还应了解《独立宣言》、《华盛顿告别演说》、林肯的葛底斯堡演说等有助于理解美国民主基本原则和道德价值的文件。

第二,法院和政府进程。学生应将法院的作用视为政府进程的一个主要要素,他们应关注不同时期法院对《权利法案》等文本的解释,学习宪法确定的正当法律程序(Due Process of Law)、平等保护条例等概念,当对《权利法案》的不同解释引发争议时给出解释,还应对与教育相关的布朗诉教育局等案件给予足够关注。

第三,当代政府:立法和执法机构。每一代美国人都对政府体系做出过贡献,每个时代的公民也都是凭借相应体制的力量解决新的问题,所以关于税收改革、社会安全改革和环境保护法律等近代案例的学习,可以帮助学生了解法律制定的过程,媒体的影响等现代政府立法机关和执法机关的工作。通过对主要资料的批判性阅读,配合情景模拟、角色扮演等教学方式,学生能够锻炼批判性思考的能力,并对立法机关的提议、政府候选人做出评估和判断。

第四,联邦制:州和地方政府。学生主要学习联邦制的原则,学习在联邦、州和地方政府中权力是怎样分配的,了解州政府和地方政府的关系,各级政府的职责等内容。联邦制的学习应该使学生认识到,刑事司法、家庭法、环境保护和教育

---

① 《联邦党人文集》,也称《联邦主义议文集》或《联邦论》,由美国建国初期政治家在制定美国宪法过程中撰写的与美国宪法和联邦制相关的文章组成,共有85篇,于1788年首次出版。

等人们生活的重要领域大多属于州和地方事务,还应帮助学生认识到投票、陪审团服务、义务兵役制等参与社区生活的方式,更应该鼓励学生参与所在社区和学校的志愿服务。

第五,比较政府(重点关注世界上的共产主义国家)。这部分内容的学习应首先帮助学生归纳低年级时学习过的政府形式,如社会主义、法西斯主义、共产主义、资本主义和多元民主,让学生了解影响政府、经济政策、社会福利政策和人权实践的哲学。其次学习不同哲学体系指导下的政府形式,如二战前德国的法西斯主义,比较民主政府的基本特征。最后,重点关注共产主义社会,通过对共产主义革命、人权状况、苏联模式等内容的学习,对共产主义政府形成基本的认识。

第六,当代世界事务。学生需要完成分析一项主要社会事件的活动。学生可以通过分析一个问题,整理历史和社会科学证据,提供一个批判的论点,搜集数据对论点做出预测等方式,表达对该事件的观点,这个学习过程以形成调研报告的方式完成;也可以通过搜集国家、州、地方候选人的背景资料,给出选择某一个领导人的原因。学生选择的活动主题可以是国际经济纠纷、美国对外政策等宏观问题,也可以是学校某一规章制度、社区治安等与生活相关的微观事件,重在培养学生独立思考、团队合作和社会参与等公民技能。

通过对上述内容的学习,加州教育局希望学生能够解释美国民主的基本原则和道德价值;对涉及公民权利与义务的事件选择立场并进行辩护;对涉及公民社会中基本价值观和原则的事件选择立场并进行辩护;分析政府立法、执法和司法机构的作用与职责;总结美国最高法院对宪法及其修正案具有里程碑意义的解释;评估国家、州和地方竞选事件;分析和比较国家、州和地方政府权力和工作程序;分析媒体对美国政治生活的影响;分析不同时期不同政治体系的起源、特征和发展,分析宗教和政府的关系等有争议的政治事件并选择立场进行辩护。

通过梳理"加州公立学校 K – 12 年级历史—社会科学内容标准"和"加州公立学校历史—社会科学大纲"的公民学维度,结合十二年级"美国民主的原则"课程的学习内容和对公民学学科知识的要求,不难发现,历史—社会科学模式,以历史学科为主线,注重各学科知识的融合,如地理学习通过让学生了解历史发生的地方,帮助学生更好地了解历史;历史学习则要求学生必须知道特定地点发生的历史事件,例如加州的人民、政府、文化与经济体系,这样能够摒弃传统的教学观念,锻炼学生的全局观念,促进人文社会科学领域知识的整合与应用。

美国教育体制下,州政府具有实际的教育权,对管辖范围内的课程教学内容具有直接约束力,大部分州还会通过构建基于课程标准的测评体系,加强州教育机构对学生学习内容的影响。经过 20 余年的发展,美国各州制定了数量丰富的公民学课程标准、大纲和规定。由于联邦各州在教育投入、教育发展水平、教育重视程度等方面存在差异,各州公民学课程标准的发展水平并不一致,这种不一致体现在课程标准的颁布时间、颁布方式、呈现课程内容的方式、使用的学科与课程名称等方面,体现了地方课程标准的多样性。通过对美国各州公民学课程标准的梳理,特别是结合纽约州和加利福尼亚州公民学大纲和课程的解析,不难发现形式多样的课程标准中还蕴含着统一性,统一于《国家标准》制定的核心内容。不论采用何种课程组织模式,无论课程标准的发展水平如何,联邦各州都非常重视公民学学科。在公民学领域内,尽管各州的学习内容各有侧重,如纽约州侧重公民的权利与义务,加州侧重宪政传统和政府职能,但基本课程内容都涉及国家与政府、宪法与宪政、公民、价值观与原则等知识,与公民教育中心颁布的《国家标准》的核心内容相一致,体现了各州教育机构遵循国家课程标准的指导原则与内容框架,保持学校公民教育内容地方特色二者的统一。

第六章

美国公民教育课程标准的运用

公民教育课程标准是教育部门研发、制定、采纳或认可,用于指导一定范围内公民教育课程教学的公开文件。虽然课程标准明确了课程的教学目标,为课程教学在主题和内容选择乃至教学方式等方面提供指导意见,但它的主要受众并不是学生本身,而是教育工作者,课程标准自身并不能直接改善学生的学业成绩。课程标准的功能,需要在实际运用过程中,以教科书、学业测评框架为载体,通过学校教师、公民教育机构等主体发挥桥梁作用来实现。

第一节　公民教育课程标准的功能

一、《国家标准》的性质

在《国家标准》文本中,前言部分明确指出,"建国以来我们就认识到教育具有一种公民使命:培养致力于美国宪政民主价值和原则,具有知识、理性、人道和参与意识的公民"。公民学课程,作为学校公民教育的重要课程载体,应该致力于帮助学校完成这一教育目标,通过系统、连贯、科学的课堂教学,培养有能力和负责任的公民。

《国家标准》并不是国家教育相关机构制定、研发并施行的规定性意见,而是非政府机构依照有关法律法规,在联邦政府支持下自主组织、编纂并试图推行的课程标准;它并不是关于公民学与政府课程的教学规定和详尽说明,而是学生在该学科领域特定教育水平阶段的"准出"标准,即学生完成四年级、八年级和十二年级学业时在公民学领域所应达到的毕业标准;《国家标准》并不是一份在全国范围内强制实施的官方法律性文件和规定,而是试图为各州、各地区分散、多样的公民学课程和教学提供一个参考性的指导标准。《国家标准》也不是一个纯粹的课程大纲,而是仅限于详尽说明在公民学与政府领域,学生应该知道什么,应该做什么,应该怎样付出努力的内容标准。

《国家标准》是美国历史上国家层面第一次公开发行的公民学课程标准,为统一课程框架、编纂教学大纲和修订教科书提供规范准则,为实施学业成绩评估和教学评估提供参照标准,从而提高学校教学质量,最终目的是致力于使公民认同美国"宪政民主"的基本价值和原则,知性、负责地参与政治生活。尽管《国家标准》注明其非强制性,但是,随着20世纪末21世纪初联邦政府对地方教育影响力的增大,它事实上已成为公民学课程标准的指导蓝图,影响着各州各地区的公民学课程改革。

作为一份课程标准,《国家标准》的发起者试图通过全国范围的基础调研,来自不同利益组织的代表广泛参与讨论,吸收不同地区、不同群体、不同学科的智慧,归纳总结最基础、最核心的学习内容。作为一份学生在不同学段的毕业标准,《国家标准》的设计者希望详尽、准确地描述学生在完成相应学习阶段后所应掌握的知识,所应习得的技能,以及所应具有的价值观,并以此作为考查学生学习成效的检测依据。作为第一份联邦政府支持的公民学课程指导标准,《国家标准》的推广者试图联合所有相关机构,通过寻求合作,有组织、有计划地谋求地方政府和非政府机构支持,寻求大众媒体的积极响应,说服地方学区参与教学改革,扩大《国家标准》的影响力。作为一份详尽的内容标准,《国家标准》的研发者希望通过系统的教育"使公民认同美国宪政民主的基本价值观和原则,知性和负责任地参与政治生活"。认同美国"宪政民主"的基本价值观和原则的重要前提,是学生应当知晓关于公民和政府的基本知识,理解美国的"宪政民主"和政治体系;而知性和负责任地参与政治生活则要求在知晓、了解和掌握知识的基础上,在日常生活中熟练地运用相关知识指导实践,识别政治事件,使用口头或书面语言对其性质、特点、功能进行描述,评估特定事件中的各种观点,选择自己的立场并为其进行辩护,进而有效地参与公民生活和政治生活。

二、《国家标准》与联邦州课程标准的关系

教育分权体制下,美国 50 个州和哥伦比亚特区都发布了形式多样、内容丰富且基本价值取向一致的公民教育课程指导标准,各州公民教育课程标准都注重国家机构、政府体系、民主价值、公民资格等知识,也强调致力于培养公民的参与技能,传播美国主流的政治意识。同时,由于受到联邦各州重视程度、经济发展水平、资金投入、人口规模、历史传统等因素的影响,州公民教育课程标准既呈现出丰富性与多样性,也体现了本土性。

各州课程标准的丰富性和多样性体现在课程标准的各个要素中。从颁布时间来看,自教育标准化运动伊始,各州陆续颁布了公民教育或公民学课程标准,但颁布时间不一,且时间跨度大。从颁布的方式来看,有的州以教育立法形式显示权威性,有的州以内容标准或表现标准呈现其学习要求,有的州以指导大纲或指导框架等方式提供参考。从呈现方式来看,大体上呈现以年级为线索、以学科为线索、以主题为线索、以课程为线索四种方式。从使用的学科名称来看,有公民学、公民学与政府、政治科学、政治和政府等差异,课程名称也有美国政府、美国民主的原则、美国历史与政府、公民资格的区别。从内容详尽程度来看,有的课程标准只是粗略地提出学生在完成某一学习阶段后所应达到的要求,有的细化到每个年级学生在公民学科每一个主题中的学习内容和具体表现,更有甚者配以每个年级公民学的学习指导资料。从受重视程度来看,有的州围绕标准建立横向的内容标准—表现标准—测评标准体系,对学习内容,学习要求和学习效果进行指导和测评;有的州则建立纵向的学习标准—学习大纲—学习资源—核心课程体系,对学生的学习内容进行逐步具化、层层剖析,便于教师和学生使用,也有联邦州每隔一段时间根据各方意见、学生测评结果、教学效果对州课程标准进行修订。

此外,各州公民教育课程标准学习内容中知识点的侧重充分凸显了各州的本土性。尽管基本知识点与《国家标准》的几大主题相一致,但是在侧重性上各有不同。例如,每个州都要求学生学习政府知识,大部分州都关注联邦、州和地方政府的权力分配与共享,立法机构、执法机构和司法机构的三权分立体系,加利福尼亚州却特别要求学生掌握政府构建的哲学与法律基础,理解建国时期重要的文件、法律对建立政府、确立政府形式的影响和作用。这一方面与加州注重以历史为主线串联人文社会科学学科知识相关,注重从历史的角度理解政府知识,另一方面也因为加州是美国人口最多的州,文化多样性问题突出,学习建国时期的重要文件及其哲学原理,有利于帮助学生理解政府的工作理念,灌输主流政治价值观。再比如,西弗吉尼亚州在美国总统大选中拥有 5 张选举人票,虽然远不及加利福尼亚(55 张)等大州,但却被誉为共和党的票仓①,这与西弗吉尼亚州重视选举知识的教育有关,它在州标准中明确要求学生能够对主要选举和一般选举,州和地方选举,党派选举和非党派选举等知识进行了解和深入学习,在学习的过程中传承其选举文化和精神。

因此,相较于《国家标准》,联邦州课程标准在形式上更加丰富多样,在内容上更加具体。这一方面因为州教育部门拥有其管辖范围内的直接教育管理权,而国家政府只能通过颁布教育法律,推行课程标准,提供资金支持等方式间接地干预教育。这种情况下,为了兼顾各州水平参差不齐的课程教学,促进课程标准的顺利推行,《国家标准》侧重于公民学课程中的基础性知识,倾向于设定学习的最低要求,而各州课程标准可以根据地方的教育受重视程度、资金充裕程度和学校教学质量等因素,发布内容更为丰富、更具针对性的课程标准。但是,在核心内容上,各州课程标准依然以《国家标准》为参考,围绕国家与政府、宪法与宪政、公民、价值观等基础知识构建州课程大纲。在教育目标上,州课程标准也同样致力于以学生为主体,培养认同美国"宪政民主"价值观和原则,积极参与美国政治和社会生活的合格公民,与《国家标准》在课程目标、课程理念和课程价值取向上具有高度一致性。

---

① 美国总统大选实行选举人团制度,按各州人口比例分配选举人票数,在某一州选票获胜的候选人赢得该州全部选举人票数,西弗吉尼亚州的 5 张选举人票在总统选举中大多由共和党候选人获得,因此被称为共和党的票仓,也称红色州。

三、课程标准的功能

（一）明确了课程教学目标与学科框架。

20 世纪末以前,美国各州对于公民教育课程的重视程度不一,导致课程设置、内容界定、教材挑选、学习要求都有所区别,课程教学内容差异很大,框架零散。作为一门教学课程,公民学经历了曲折发展,一直备受争议。有些观点认为公民学课程应附属于历史学科,有些观点则认为公民学课程应该贯穿基础教育阶段的每个学年,也有观点认为公民学应作为社会科体系的一部分,与其他学科相关知识一同教授。《国家标准》的研制与发布,理清了公民学与政府课程最本质、最基本的框架结构和知识体系,并明确指出,该门课程承担了自美国建国以后教育所具有的公民使命,即培养认知、认同美国"宪政民主"价值和原则,具有知识、理性、人道和参与意识的公民。

《国家标准》通过五大核心主题,构建了系统的公民教育课程知识体系,试图通过学校的课堂教学,帮助学生了解所处的政治体系和其他政治体系,以及美国政治、政府与世界的关系;帮助他们理解美国"宪政民主"体制下的公民权利与义务,充分和负责任地参与民主政治生活;通过学校和社区的相关学习经验使学生学习怎样参与自身管理。① 基于《国家标准》的核心知识,美国联邦各州教育部门对公民学课程标准进行本土化解构、重组和设计,发布了多样性的州公民教育课程标准、大纲和指导性文件,细化、延伸、拓展了《国家标准》,规范了公民教育领域最核心、最基础的学习内容,不仅发挥着《国家标准》的指导功能,也为公民教育教科书的编撰和教师的教学提供更为具体的指导和规范。

无论学者们是否认可公民学单科课程存在的必要性,无论公民学课程是否存在于每个年级的课程计划中,无论公民学课程以何种形式呈现给学生,课程标准明确了该课程的教学目标与学科内容,构建了最基础的学科知识体系,其对当今美国学校公民教育实践的促进作用已不容置疑。

---

① Center for Civic Education. National Standards for Civics and Government [M]. California: Center for Civic Education. 1994.

（二）提供了灵活的内容指导与规范。

《国家标准》明确了基础教育阶段该学科的教学目标和学习要求，但它并未限制全美各州各学校对具体教学内容的选择，而是提供了一个学生的毕业标准；它并不是在全国设置一个课程大纲，也并非规定统一的教学方略，只是从框架和结构层面全面地界定基本学科知识体系，提供一种可供选择、评价的培养目标。一方面，《国家标准》试图通过五大核心主题构建起整个学科框架结构，明确学科教育目标；另一方面，整个文本强调结构和框架性的体系，以问题为中心的组织方式，对学生期望的描述。这为美国各州围绕统一的教育目标，按需取材，选取教学内容提供了基础，也为各州现行灵活的公民教育课程模式提供了可能性。

在地方层面，各州在制定地方中小学公民教育内容和大纲的实践中拥有较大自主权，可以结合地区实际情况规定本州公民教育课程教学。但在制定课程标准时，各州纷纷借鉴和参考《国家标准》中对公民学课程的规定。北卡罗来纳州、新泽西州、密歇根州、伊利诺伊州和纽约州等地区在课程教学指导文件中均明确指出参考了《国家标准》；在课程标准推广期，出版社根据课程标准出版教科书，学校和教师根据课程标准对课时和核心课程的规定安排课程、指导教学。作为评估课程教学质量和学生学习效果的重要指标，国家和州教育部门、社会教育评估机构、学校和教师会根据课程标准的知识结构，组织规模不一的课程测评，这些都表明《国家标准》的指导和规范功能已经广泛实现。

（三）提供了学生学业成绩比较和课程评估依据。

教育标准化运动前，公民学领域并没有统一的标准，用以规范学校所应教授的知识，各州的公民教育发展水平存在较大差异。此前，美国国家教育进步评价分别于1969年、1976年、1982年和1988年进行过四次公民教育评价：1969年旨在检测9岁、13岁、17岁三个年龄阶段学生对公民学课程目标、内容和过程特征的了解；1976年与1982年将公民学纳入社会科中进行教学评价，评价的内容涉及公民身份的目标和社会科研究的五大目标；1988年专门针对公民学课程进行公民知识、技能与学生课堂参与的评价。定期的公民学评估可以了解该时期被调查地区学生的公民教育成效，以及该地区的课程教学情况，但是由于没有统一标准，被调查地区教学内容的差异性、教学水平的参差性，使得这类评价的功用限制在对该地区不同入学年份学生的公民学学业成绩的测评,全国性的课程评价和不同地区间横向比较几乎不可能实现。即使在同一地区,得出的结果也不尽相同。

1996 年 3 月,《国家标准》颁布两年后,美国国家进步评价参照其规定的五类主题和三种技能,建构了全国公民教育评估框架。尽管各州仍可自主选择教材、教学方法、教育内容,但是这种评估体系的确定,一方面可以调查公民学课程在全国各地区的实施状况,有利于评估学生学业成绩,另一方面有利于在原有基础上比较不同学校公民学课程的教学质量,并组织全国范围的交流和互动,学习经验、总结缺陷,推动公民学课程教学,促进公民教育体系的完善。

许多州在颁布公民教育课程标准后,也相继开发了公民教育测评体系,对学校和教师的教学质量、学生的学习效果进行评估。其中,西弗吉尼亚州对学生学习表现的分类最为具体,分为及格、基本熟练、熟练、良好和优秀五个等级。学业测评有多种模式,小到教师的随堂测验、大到州或者国家层面的测评,从根本上说都以课程标准规定的核心知识为参考依据,确定考试和测评的重点。这类测评不仅可以帮助教师进一步明确学生应该掌握的知识和技能,了解教学情况,在教学中进行针对性教学,也可以帮助教育机构了解测评范围内不同学校学生的学习情况,为更有效地采取措施、提高教育质量提供数据参考。

(四)体现了以学生为中心的公民教育思想。

美国著名社会心理学家亚伯拉罕·马斯洛(Abraham Maslow,1908 – 1970)主张,学校课程要鼓励学习者的自我实现,允许学习者犯错误、做实验、表达自己的思想,直至发现自我①。这种人本主义课程思想认为,学校的教学课程应该重视学生在学习中的地位,教学内容应贴近学生实际,贴近生活。

就《国家标准》而言,在教学目标上,它以学生为中心,以学生社会生活和政治生活中碰到的问题为主题,组织课程框架,针对不同学段的学生群体列出学习内容,应掌握的知识与技能;在教学内容上,它将抽象的问题具化为与学生息息相关的主题,知识点的选取、串联与学生的家庭、学校、社区生活密切相关,强调知识、技能和情感的全方面培养。整个内容标准始终贯穿以学生为中心这一思想,从基

---

① 时蓉华. 现代社会心理学[M]. 上海:华东师范学出版社,2007:277.

本概念着手,帮助学生学习、认识、理解社会现象和政治事件,强调学生在现实世界中的真实体验,在具备基本政治认知的基础上,接受、认同美国主流的政治意识和政治价值观,指导自身的社会参与和政治参与行为。

就各联邦州公民教育课程标准而言,以华盛顿为代表的 31 个州采用以学生的社会性发展为中心方式组织公民教育课程①,是美国公民教育课程标准的主流模式之一,教学目标、教学内容和教学过程等要素都紧密围绕学生群体进行设计。即使在不采用该种模式的其他州,课程标准的教学目标中都明确指出,社会科或公民学课程致力于将学生培养成民主社会中负责任的合格公民。课堂中,教师将学生作为教学主体,在教学方法上考虑学生的接受度,引导和激发学生的参与兴趣,注重课堂互动。课程标准的制定与实施,每个细节都体现了对学生的关注,涉及学生个人发展的认知、情感和行为三个领域,落脚于对学生发展的要求与期望,体现了《美国教育法》对基础教育阶段课程标准以学生为中心的要求。

亚拉巴马州在其 2010 年颁布的《社会科学习课程》中指出,内容标准和学习课程中对学生的相关标准是最低限度的、必需的、基本的和具体的,但并不是详尽无疑的。在探索地方课程时,学区可以增加该文件中并未涉及和包含的内容标准、实施指南、教学资源和活动,以此来呈现地方特色。可见,课程标准本身并不直接面对学生,而是以教科书、测评体系为载体,通过学校教师的教学、社会性机构的全程参与间接地面相学生。也因此,教科书、学科测评体系、学校教师、社会性机构成为公民学课程标准实施的重要因素。

第二节　公民教育课程标准的实施载体

一、教科书

美国是世界上出版业最发达的国家。截至 2003 年,美国本土共有 56000 多家

---

① 参见李稚勇. 社会中心·学科中心·学生发展中心——论美国社会科课程结构的多样化发展[J]. 外国中小学教育. 2009(03).

出版社,全球化使许多国外的出版商也积极寻求美国市场,出版社数量庞大,发行的教材及辅导资料极其丰富。在中小学教材出版行业,比较有影响力的有以下几家出版公司:霍顿·米夫林出版公司(Houghton Mifflin Company,简称 HM)、麦格劳－希尔公司(McGraw－Hill)、英国皮尔逊集团(Person Group)①、英国麦克米伦出版公司(Macmillan Publishers Limited)和英国的哈考特教育出版公司(Harcourt Education)。后者于 1837 年与 HM 成立霍顿·米夫林哈考特集团(HMHG),拓展美国市场,专门设有两个部门出版小学和中学阅读、语言和社会科等核心课程的教科书。其中,霍顿·米夫林出版公司、斯考特·福斯曼出版社、哈考特教育出版公司的社会科系列教材在美国各学区使用率较高,而且许多出版社都与学校合作,学生可以通过特定的账户密码进行在线学习。

一般情况下,各出版社根据《国家标准》发行针对全国的通用教材,再根据各州的课程标准和教学大纲进行调整和修订,形成适用于不同州的教材版本,比如针对纽约州的纽约州版教材。但是,纽约州的教育自主权决定纽约州的学校并非只能选择使用纽约州版本教材。各州教育机构会对试图在其领域推广教科书的出版社进行教材审核,为了促进教材内容的丰富性,各州往往会通过几个版本的教科书,提供给学区自主选择。

(一)案例:纽约州阿克波特中心学区的《美国政府》教科书

根据纽约州法律规定,学生在 9－12 年级必须完成 0.5 个学分的"政府参与"课程,或者由当地学校负责人批准的同等课程,学区可以自主选择符合课程标准要求的任一教材。本案例选取位于纽约州的阿克波特中心学区(Arkport Central School)所使用的十二年级教科书,分析教科书是怎样体现课程标准要求的。该学校选用的《美国政府》②教科书由皮尔逊集团下属 Prentice Hall 出版社发行,覆盖

---

① Person 是一家总部设在伦敦的英属跨国出版和教育集团,是世界上最大的教育机构和最大的书本出版商,其下属皮尔逊教育拥有郎曼(Longman)、普伦蒂斯·霍尔(Prentice Hall)、艾迪韦·斯利(Addison Wesley)、皮尔斯·斯考特·福斯曼(Person Scott Foresman)等多个教育出版公司。

② 该书也称为"Magruder's American Government"《马克格鲁的美国政府》,首次出版于 1917 年,作者为美国著名教育家弗兰克·雅培格·格鲁德(Frank Abbott Magruder,1882－1949),之后每年修订一次。

纽约州、德克萨斯州、马萨诸塞州、宾夕法尼亚州等地区学校,是一本发行量较大的教科书。

如表 6-1 表所示,该教科书分为七个单元,二十五章,每章对应的《国家标准》和州标准如表所示。与《国家标准》和州核心课程指导中规定的"政府参与"课程类似,该教科书在每个部分和每章内容都以问题形式引题。例如,在第一章,课本以"政府是必要的吗"为关键性问题,将内容分为政府和国家、政府形式、民主的基本概念三节内容。

表 6-1 《美国政府》教科书单元设置与相应课程标准

七个单元	各章目录一览表	对应的课程标准
第一单元 美国政府的基础	第 1 章 政府的原则 第 2 章 美国政府的起源 第 3 章 宪法 第 4 章 联邦制度	"国家标准"Ⅰ、Ⅱ、Ⅲ 州公民学标准模块一
第二单元 政治行为:民治	第 5 章 政党 第 6 章 投票者和投票行为 第 7 章 选举过程 第 8 章 大众媒体和公众意见 第 9 章 利益团体	"国家标准"Ⅲ、Ⅴ 州公民学标准模块二、三、四
第三单元 立法机构	第 10 章 国会 第 11 章 国会的权力 第 12 章 国会的运转	"国家标准"Ⅰ、Ⅲ 州公民学标准模块二
第四单元 行政机构	第 13 章 总统职位 第 14 章 总统职位的运转 第 15 章 政府运作:官僚机构 第 16 章 政府财政 第 17 章 外交政策与国防	"国家标准"Ⅰ、Ⅲ 州公民学标准模块二
第五单元 司法机构	第 18 章 联邦法院系统 第 19 章 民权:第一修正案的自由 第 20 章 民权:保护个人权利 第 21 章 民权:法律面前人人平等	"国家标准"Ⅰ、Ⅲ 州公民学标准模块二

续表

七个单元	各章目录一览表	对应的课程标准
第六单元 比较政治和经济体系	第 22 章 比较政治体系 第 23 章 比较经济体系	"国家标准"Ⅳ 州公民学标准模块一
第七单元 参与州和地方政府	第 24 章 州的管理 第 25 章 地方政府和财政	"国家标准"Ⅲ、Ⅴ 州公民学标准模块四

不同于课程标准梗概式的呈现方式,教科书的内容更为丰富,既包括知识要点,也含有辅助学习的阅读资料、图表,还有课外活动要求与材料等。该版本教科书 800 余页,学习时长半年,每周课时 4－5 次,为了使课堂教学内容更为清晰,出版商对每一节学习的重点内容进行标注。图 6－1 是从第一章第一节"政府和国家"部分截取的部分导读内容,这既为教师教学和学生学习提供指导,也充分凸显了课程标准与教科书的关联性。不论教科书采用怎样的形式,知识点的核心框架都是以课程标准为依据进行拓展。

Guiding Question

What is government and what is its purpose?

Use an outline like the one below to take notes on the definition and purposes of government.

A. Definition of Government

a. _____

b. _____

B. Characteristics of a State

a. _____

b. _____

C. Purposes of Government

a. _____

b.

Objectives

1. Define government and the basic powers every government holds.

2. Describe the four defining characteristics of a state.

3. Identify four theories that attempt to explain the origin of the state.

4. Understand the purpose of government in the United States and other countries.

图6-1 "政府与国家"导读内容

（二）教科书的功能

不同于浓缩、精炼的课程标准,教科书是学生在课堂上学习的书本,它包含体系完善、结构科学、图文并茂、内容丰富的学习材料,是课程标准和教学要求的综合呈现,既包含了学科和课程对学生学习的要求,也是教师开展课堂教学的重要依据,更是学生直接接触的一手学习资料。教科书是一种具体性、拓展性的学习材料,它将课程标准相对抽象的知识要求按照内容的相关性进行重组和构建,以学生的接受能力为基础,选择和设计每一部分内容的学习材料和学习结构。但是,不论采用何种形式,教科书都是课程标准的具体化和拓展化。

首先,教科书是具体化、细致化的课程标准。课程标准的阅读主体是教育家、学科和课程研发者、教师、测评标准制定者等主体,而并非学生,这决定了课程标准的相对抽象性。教科书的主要阅读对象为教师和学生,目的是为教师教学和学生学习提供支撑。与中国类似,许多教材都发行针对教师的教师版用书和针对学生的学生版用书。在反对传统灌输,以学生为中心的教学过程中,教科书试图为学生提供丰富的阅读材料、案例介绍、讨论主题等,以满足不同学习风格的学生使用。其次,教科书是拓展性、开放性的课程标准。课程标准的简洁性决定了它的"不完整性",即仅规定学生应该学习的最基本、最重要的知识和技能,而非学生应该掌握的所有的、完整的知识和技能。教科书针对每一知识点提供丰富的背景知识,也为学生组织的课内外活动提供方案,对公民教育各个学科知识的关联性进行介绍,还根据课程编排的逻辑性增加学习内容和要求,为教师的课堂教学提供选择。最后,教科书是对课程标准的无形推广。虽然每个州都发行了公民教育课程标准,但是受到发行规模、学生数量、财政收支等因素的限制,出版商并不会针对每一个州发行相应的教科书。通常情况下,人口基数大、学生数量多、经济影响力强、地域特征明显的州会得到教材出版商的青睐,经济实力弱、学生人数少的州选择教材的范围小。所以,各州教育机构与影响力大的教材出版商之间联系密切,针对该州课程标准的教科书既是州教育理念的彰显,也是州课程标准的具体呈现。但是,因为大部分州在公民学学科上对学生基本要求的一致性,教科书出版商为了追求最大限度的盈利,会模糊不同州州际标准间细微的差异性。

二、学业测评框架

学业测评是指学生在学习和完成课程时参加的测试,从教师随堂组织的小测验,到国家和州定期开展的学生学业成绩测评,都属于测评的范畴。从表面上看,教师组织随堂测验的考试内容具有随机性和不确定性,国家、州组织的学业成绩测评拥有体系支撑。实际上,美国教育界非常重视测评体系与课程内容标准的关联性。早在1998年,美国联邦教育部前任副部长马什·史密斯(Marsh Smith)就意识到建立与课程标准相配套的测评体系非常重要,因为"对于大多数美国学校而言,标准是由上面某个组织指定的,考试又是另一个组织生产的,所以应该重视二者的匹配性"[1]。从国家到联邦州层面,研制和开发与课程标准匹配的学业测评体系都被认为是评价一份学科课程标准是否完善的标志之一。因此,从根本上说,所有针对公民学课程的测试都具有内在的相承性,这是由公民教育国家、州课程标准核心内容的一致性与教科书呈现课程标准的一致性决定的。因此,学科测评体系也被认为是公民学课程标准的重要载体。

(一)NAEP2010年公民学测评框架[2]

尽管目前美国各州、各学区都会组织学生进行公民学学科测评,但是美国国家教育进步评价(NAEP)是美国国内唯一的、长期的、具有全国代表性的教育评价机构,被誉为国家教育报告卡。所以,NAEP的公民学评价框架在全美具有代表性和典型性,公民学课程标准颁布以来,它分别于1998年、2006年、2010年和2014

---

[1] Jennings, H. F. Why National Standards and Test? Politics and the Quest for Better Schools[M]. SAGE Publications. 1998:6.

[2] 该部分关于NAEP公民学课程测评框架介绍的数据来源于NAEP官网以及2010年公民学评估框架 http://www.nagb.org/publications/frameworks/civicsframework.pdf

年进行了四次公民学测评。其中，前三次测评范围较广，对象为四、八与十二年级的学生，2014年仅针对八年级学生进行。2010年，NAEP的公民学测验，共有来自540个学校的大约7100名四年级学生，470个学校约9600名八年级学生，460个学校约9900名十二年级学生参加了测试，2014年的公民学测验共有410个学校的9100位八年级学生参与了测评，测评样本通过特定技术手段从全国各类学校中选取，基本上能够代表整个国家的公民学教学情况。

该公民学测评框架在内容上以美国公民教育中心颁布的《国家标准》为学科范本，测评内容也相应包括公民知识、技能和品性三个方面。测试中的每个问题都既测试知识，衡量智力技能，也测试学生对"宪政民主"中参与技能和公民品性的理解与掌握程度。

第一，公民知识。NAEP测评体系关于公民知识板块的测评主要针对《国家标准》的五大主题，表6-2反映了针对不同年级的测试框架在五大主题中的分配百分比。

表6-2 NAEP体系在课程标准五大主题知识的测评比例

主题	年级		
	四	八	十二
公民生活、政治、政府及其职能	25%	15%	10%
美国民主的基本价值观和原则，其政治体系的基础	20%	25%	20%
以宪法为基础的政府如何体现美国民主的目标、价值观和原则	15%	25%	25%
美国与其他国家、以及世界事务的存在怎样的关系	10%	15%	20%
美国民主中公民的角色是什么	30%	20%	25%

第二，公民技能。公民教育的智力和参与技能包括使用知识有效的思考和行动，在"宪政民主"中以合理的方式应对公民生活的挑战。智力技能促使学生在体验公民不同角色的过程中学习和使用公民知识，这些技能帮助公民辨别、描述、解释和分析关于公共政策的信息和争论，并评估不同观点、选择立场进行辩护。参与技能使公民通过与他人合作，清晰地表达观点和兴趣，建立同盟，寻求一致，协

商妥协和管理冲突来监督、影响公共生活和公民生活。但由于测试的限制,比如不能直接测试出学生参与学校管理的程度,所以仅10% - 15%的公民评估任务与学生的参与技能相关。

第三,公民品性,托克维尔(Alexis de Tocqueville,1805 - 1859)称之为"心灵的习惯"(Habits of the Heart),指全方面渗透公民资格的倾向。在一个民主国家中,这些性情附属于社会中个人的权利和义务,也附属于政治思想的进步。这些品性包括成为社会中一个独立的成员,尊重个人价值和人的尊严,承担一个公民的个人、政治和经济责任,受"游戏规则"约束(如保护少数人权利的同时接受多数人的合法决定),以知性、深思熟虑和有效的方式参与公民事务,促进美国"宪政民主"的健康运转。这些公民品性——公共特征或私人性格——对于"宪政民主"的活力和美国公民社会来说是必不可少的。由于测试的限制,对于公民品性的测试主要关注学生对于重要品性的认识和解释,而不是评判学生个人的价值观和品性。

(二)测评框架的功能

学业测评,是对学生通过课程学习所掌握知识和技能的反馈,也是学校和教师教学质量的间接反应,测试的结果可以为课程改革提供基础数据。如,2014年,八年级学生在公民学领域达到基本合格的比例为74%,能达到优秀水平的仅为2%。秉持学科课程标准与测试框架相匹配这一策略,美国公民学的测评框架成为课程标准的又一载体,是课程标准的延续和完善。从NAEP测评框架中不难发现,学科测评框架是依据课程标准制定,测评的内容与课程标准规定的基础内容一致,在测评中占比重百分比多的内容与课程标准的重点内容一致。课程的教学以课程标准为出发点,发展为详细的课程指导大纲,经由教材出版商编排的教科书,通过教师在课堂中系统地教学,教授给学生,高度匹配的测评框架对学生的学习效果进行测评并给予反馈。但是,测评框架并不是课程标准实践的最终结果,反馈的目的是为了各教育主体有针对性地改进教学,促进课程标准更好地发挥功能。

同时,测评结果可以帮助教育机构了解学生学习的基本情况,可以为改进教学质量,修订课程标准提供数据参考。如2014年,在针对八年级学生的公民学测评中,白人学生学习达标率为86%,而黑人学生仅为55%;公立学校的达标率为73%,而私立学校为89%;父母接受过大学教育的学生学习合格率为85%,而父母未完成高中学业的学生学习合格率仅为52%。基于课程标准的测评数据,可以直观地反映不同群体学生的学习效果,间接地体现不同群体学生学习过程中的困难与问题,也可以帮助教师在课堂教学时调整各知识点的教学时长,针对不同的学生因材施教,更有针对性地开展教学提供参考。通过测评得到的反馈反过来指导教学,有利于在实践中更好地运用课程标准,为开展课程改革积累基础数据和实践经验。

第三节　公民教育课程标准的实施主体

　　公民教育发生在一定的情境中,家庭、学校、社区都提供了学生学习公民知识,实践公民技能的具体环境,教育行政部门、教材出版商、学校管理者、教师、公民教育机构、家长等主体在课程标准的实践过程中都发挥着不同的作用。本书选取学校教师和公民教育机构两个因素对课程标准的实施主体进行具体分析。

一、学校教师

　　课程标准通过教科书呈现给学生,通过测评标准反馈学生的学习成果。但是,学校教师在一线岗位从事公民教育课堂教学,所有客观的文本都需经由教师选择,通过教师这一角色传递给学生,教师是课程标准实施的直接践行者。

　　教师的重要性是由教师角色的性质决定的。我国学者任京民在总结美国中小学公民教育教师的角色时,认为教师具有教导、思考和情感三种角色[①]。教师的教导角色是指教师作为知识权威、知识源泉、引导者或顾问向学生传递知识;思考角色是指教师充当催化剂或发问者、科学探究者、艺术诠释者帮助学生培养思维技能和解决问题的能力,形成科学的思维方法;情感角色是指教师作为社会代表、剧作家、煽风点火者或唱反调者营造课堂气氛,帮助学生做出判断或决定,形成合

---

　　① 任京民. 当代美国社会科教师角色论析[J]. 教育科学研究. 2009,(01).

理的价值观。① 教师在课堂中承担了多种角色,教师角色的发挥程度直接影响学生的学习兴趣、动机、情感和成效。在中小学公民教育领域,学生的价值观念和性情都处于成型和成长期,较容易受到外来干扰,教师自身的知识结构、价值观念等综合素质还会影响学生对美国国家主流政治思想和"宪政民主"价值观念的了解和认同,重要性更为突出。所以,美国各界非常重视对中小学公民学教师的培训和再教育。

教师发挥了课程标准的中介和桥梁作用。尽管课程标准尝试使用通俗易懂的语言,在中小学学生,特别是在低年级儿童眼中,它仍然是专业化的、枯燥的文本。教师充当了课程标准的中介和桥梁,通过以课时为单元的教学单元,以教科书为载体的教学材料,将课程标准中的内容与技能分解、重组、并逐一向学生解释。一项针对 7 – 12 年级教师的调查显示,27.1% 的教师相信他们能驾驭教科书,因为他们有权选择教学内容从而影响教科书出版商;89.7% 的教师相信他们可以控制教学方法,因为他们是课堂教学的策划者和实施者;79.6% 的教师相信他们可以决定对学生的测验和评估,因为尽管存在国家和联邦州的教学测评,但教师本人开展的测评是对学生学习成效的及时、直观反应②。教师,充当了课程标准实践各个环节的中介和桥梁,将课程标准规定的公民知识、技能和价值观传授给学生。

教师的主体性是对课程标准的有益补充。课程标准是框架性的学科结构,它只是对学科最核心、最基本、最重要知识地陈述,而非全面、逐一、系统地罗列,教师有权利、也有义务对课程标准进行发散性地拓展,结合区域文化和地方特色进行有益的补充。教科书虽然是图文并茂、内容丰富的教学单元,但由于课时限制,教师必须有所取舍、有所侧重地选择教学内容并呈现于课堂。同时,根据学生的兴趣和要求,教师还会组织课堂活动,开展课外服务学习,甚至安排校外的参观、采访等活动,来弥补课堂学习的枯燥和单一性。甚至,在某些学校,教师并不使用州教育部门批准的教科书,而是将自己开发的课程材料用于课堂教学,将教科书

---

① 参见 Jack Zevin. Social Studies for the Twenty – First Century [M]. Mahwah：Lawrence Erlbaum Associates, Inc. , 2000：3 – 18,转引自任京民. 当代美国社会科教师角色论析[J]. 教育科学研究. 2009. (01).

② 调查数据引自王永红. 左右美国社会科课程的社会力量[J]. 学科教育. 2003(08).

作为补充材料。教学是一种实践活动,这决定了教师必须根据课程标准、地方特色与学生需求做出及时应变,这种主体性的发挥是对课程标准实践有益而且必要的补充。

二、公民教育机构

在美国,除政府和学校以外,以公民教育机构为代表的社会资源也广泛、全面地参与了课程标准的研发与修订,教师的培训与交流,学生的课外教育与测评等工作。

在国家标准化运动时期,以美国公民教育中心、国家社会科委员会为代表的大型机构负责组织了公民学、社会科等公民教育相关学科课程国家标准的制定。在课程标准制定的初期,公民教育机构通过发行出版物与教材,开展公民教育相关项目,举办公民教育学术研讨和会议,扩大课程标准的影响。在课程标准的推广阶段,美国教师联盟等机构通过组织教师的培训和再教育,为课程标准指导思想地贯彻,促进课堂教学提供支持和服务。在课程标准实施后期,国家评价管理委员会等教育机构通过组织各类测评,了解学生学习水平和效果,为课程标准的再修订和再实践积累经验。

以美国公民教育中心为例,第三章曾介绍它在《国家标准》研制和发行过程中付出的努力。在课程标准的实践阶段,它编写了丰富的教科书与课外读书,如《我们的人民:公民与宪法》(关于美国宪法知识及历史的教学方案)、《我们的人民:公民养成》(一种类似于社会实践活动的方案,主要培养中学生对社区公共问题进行参与、研究的兴趣及能力)、《民主的基础:权威、责任、隐私和正义》(供幼儿园至高中学生使用的跨学科教学方案,涉及政治、哲学、法律、历史、环境、文学等学科内容)、《美国的传奇:美国宪法和美国民主的核心文件》等书籍。书籍的类型多样,包括课堂教材、课外读本、易携带本等,截至 2003 年,已经使用美国公民教育中心出版材料的学校有 24000 所,学生 2650 万,遍及全美 50 个州和哥伦比亚特区。①

此外,该机构还在国家、州和地方层面广泛开展与公民学课程相关的公民教育项目,具体的项目包括"学校暴力防治示范计划","公民教育促进运动","青少

---

① 数据引自周长祜,韩呼生,金郁向. 美国的公民教育[J]. 国际学术动态. 2003(03).

年司法","公民与宪法",主要包括为学生设计的公民知识学习和技能训练项目,为教师举办的专业和技能培训项目两类。1987 年启动的"我们的人民:公民与宪法"项目是该机构长期坚持且最重要的项目之一,该项目由美国联邦教育部资助,项目创办之初是为了纪念宪法和人权法案颁布两百周年,后来成为一个培养公民能力和公民责任的教学项目,致力于使人们了解美国宪法、人权法案及其所包含的原则和价值观,帮助人们了解美国公民在"宪政民主"体制下所享有的权利和应履行的义务。该项目后来得到国会支持,在全国范围内举办公民教育知识竞赛,每年的决赛在国会办公大厦举办。"学校暴力防治示范计划"则致力于培训教师,通过开展课程指导、教育研究和组织培训为教师提供利用公民教育教学防止青少年暴力倾向的经验,该项目在 2002 年曾为全美 188 所学校的教师提供了培训。

　　美国公民教育中心的另一常规活动是举办公民教育研讨和会议,通过定期举办公民教育相关问题的学术研讨会,邀请政界、教育界和社会各阶层人士参加,促进课程标准指导理念和实践经验的交流,这种交流不仅局限于美国国内,而且已经扩展到世界视野。2004 年 12 月,美国公民教育中心在马来西亚举办了"培养青年积极公民权利意识"研讨会,邀请来自我国内地和香港、印度、孟加拉国、印度尼西亚等 10 多个国家和地区的 50 多名代表出席,围绕互动式公民教育教学方法的理念和经验,互动式公民教育教学方法应用,建立并加强公民教育的国家网络系统等主题进行了深入交流。①

　　21 世纪后,中国教育部教材中心,江苏、山东等 6 个省市先后与美国公民教育中心建立了合作关系,中方通过实地考察、学习,小范围试点借鉴,邀请专家来华指导,组织学生公民教育活动等方式,学习、观察和研究美国公民教育社会机构项目及其实施。事实上,美国的公民教育机构数量庞大,是社会性资源的重要组成部分,美国公民教育中心只是其中的一个代表。社会教育机构的成员包括政府教育相关机构工作人员、教育家、大学学者、家长、出版商等,也包括教育行业代表、社区代表、学生代表等各类人群,作为这些群体的代言人,社会教育机构将零散的力量聚集在一起,有组织的在公民教育课程标准的实践过程中发挥主体作用。

---

　　①　有宝华."培养青年积极公民权利意识"研讨会在马来西亚槟城召开[J].基础教育课程.2005(03).

第七章

美国公民教育课程标准对我国学校思想政治教育的启示

美国中小学公民教育课程标准,是特定政治文化环境下,美国政治体系和政治权力倡导的主流公民教育思想的反映,也是各州公民教育课程标准制定、教材编写、课程教学和课程评估的依据。研究美国公民教育课程标准,既是为了深入认识和理解美国公民教育课程标准本身,也是为了寻求课程标准制定和实施过程的一般规律。美国的公民学课程,经历了从附属课程到独立课程,由社会科体系中边缘课程到核心课程的历史嬗变过程,直至20世纪末,才开始研发和推行公民学课程标准,截至目前较成功地构建了以课程标准为基本依据的公民教育实践体系,促进了国家政治思想和政治意识的传播。美国公民教育课程标准的构建历程和教育实践,能引发我们诸多思考,给我们许多启示。

第一节 美国公民教育课程标准研究的启示

一、课程标准体现了国家意志,与政治文化协同发展

学校是每一个现代文明国家进行公民教育的重要渠道和场所,其功能和作用具有不可替代性。公民学课程,作为学校公民教育的显性载体,是向学生全面、系统教授公民知识、公民技能和公民品性的直接手段和有效方式。美国的公民学课程通过全面、系统的教学与实践活动,传播主流政治思想和价值观念,帮助学生认同其"宪政民主"的基本价值观和原则。从根本上说,美国公民教育是向学生群体

传播主流政治文化的教育手段和教育活动,公民教育的课程内容与主流政治文化及其发展变迁相一致,教育目的是按照政治体系和政治权力的意志培养合格的理想公民。

公民教育是政治文化传播的主要方式,政治文化是公民教育的重要内容。建国初期,受到欧洲古典自由主义思潮的影响,美国主张消极意义上的公民资格思想,学校公民教育以清教传统的伦理基础和独立宣言、宪法、权利法案等美国民主赖以建立的政治文献为基础,秉承"价值传承"的教学实践,依托历史课程开展教学,教学内容以价值传承和"美国化"为目标,尽量回避政治教育,呈现一种"放任自流"的状态。两次世界大战改变了这种格局,美国在战争中迅速崛起,尤其是与苏联冷战期间,公民教育被提高到巩固国家防御、维护安全的高度,这种源于"冷战"和东西方对抗的国家干预型政治文化,促使美国对公民学课程加以重视,中小学公民教育课程采用"社会学习"模式,建立个体公民与社区、国家之间的互动联系,以培养时代需要的"战时"公民。20世纪后半期,第三次科技革命带来了科学技术的飞越,全球化浪潮使美国社会经济和政治的发展比以往任何一个时代更需要全民参与。为了适应参与型政治文化的要求,美国开展了课程标准化运动,建立并完善公民学课程标准,规范课程教学内容,将培养具备全球视野的主动参与型公民提升为公民教育的重要任务。新世纪,不断加强的全球联系、经济危机和NCLB法案又使美国聚焦公民教育中的全球意识教育,探索新的课程实践模式。客观上,公民教育课程的变革与公民政治文化的变迁相一致,二者存在着协同演进的关系。政治文化为公民教育提供土壤,匡正教育内容,推动公民教育课程的发展,公民教育课程则是政治文化传承与发展的载体,是学校向学生传播政治思想和政治行为规范的中介。

美国一度标榜其公民教育的价值中立性。通过对公民学课程标准的研究可以明显地看到,美国政府非常重视中小学公民学课程,公民学课程已经成为学生认识美国现行政治体制,将主流政治文化内化为个人政治认知、政治情感、政治态度和政治信仰,并以此指导个人政治实践的重要途径。实际上,任何一个国家的公民教育,都是国家政治体系组织的教育活动,教育的内容及其价值取向与该国认可的有利于维护统治阶级利益和要求的内容相一致。公民学课程,作为美国中小学公民教育的核心课程,也是公民教育适应政治文化发展的体现。《国家标准》的产生,源自20世纪末美国对基础教育质量的全面反思,是在教育立法推动下,由国家教育部门倡导、组织并支持公民教育建立标准化课程教学要求的成果,集中体现了国家的意志。《国家标准》是对中小学阶段公民学课程基本学习目标和学习内容的说明,是美国社会试图传播的政治观念、政治情感和政治价值的文本体现。课程标准所归纳的政府、国家、宪法、公民与价值观等学习主题,体现了美国政治体系运作的基本知识,是政治体系确立的有利于维护、传承和发展政治文化的内容,符合统治阶级的利益与要求,与政治权力所倡导的政治价值相一致。课程标准要求学生习得的公民技能与公民品性,是美国参与型政治文化下培养公民关注、参与政治生活的能力与意愿的体现,目的在于帮助学生按照主流政治文化的要求进行思考和行动。总之,公民学课程标准及其蕴含的政治价值观,深植于特定的社会政治土壤中,与特定的政治文化背景相适应,既体现了美国社会试图传承和发展的政治思想、政治价值和政治原则,也体现了政治体系和政治权力对"理想公民"的要求。

二、课程标准确立了知识—技能—品性三位一体的目标体系

公民知识、公民技能与公民品性是公民学课程设计的三大基本要素。公民知识是公民技能、公民品性的前提和基础;公民技能是公民知识、公民品性的运用和升华;公民品性是在知识学习和技能锻炼过程中逐步养成的性情与特质,是公民知识、公民技能的内化。

美国公民教育课程标准设定的学习目标注重知识传授、技能培训和品性养成三者相统一。课程标准以学生所在年级或所处的学习阶段为线索,将主要学习内容分为公民知识、公民技能和公民品性三大模块,其中公民技能被划分为智力技能和参与技能,公民品性被划分为个人特性和公共特性。学生学习的内容具有连贯性,从基本政治概念到系统政治体系;从识别描述到解释评价;从具备基本的政治认知,形成政治认同到实现政治参与,学习内容环环相扣,难度随着年级的增长而递增。同时,学习内容之间相互补充,具有内在关联性,公民知识是以政治和社会实践获得的认知成果为基础,通过公民不断的政治参与获得;公民技能指公民

参与国家政治和社会生活,履行公民义务的能力,是将公民知识转化为社会实践的有效方式与重要工具;公民品性指公民所具有的品质和性格,是在学校学习和家庭、社会生活体验中,逐步形成的责任、自律和尊重法律等性情,是公民学习和体验成果内化于个人思想的体现。学生只有充分掌握公民知识,才可能实现负责和有效地社会参与;只有主动地参与社会民主政治,才能检验所获取的公民知识,使公民教育的成果转化为社会行动;公民品性的形成是公民知识学习和公民技能养成内化于学生思想体系的必然结果。公民教育课程只有同时注重知识、技能和品性的培养,才能完成培养国家理想公民的教育目标。

我国传统应试教育制度下,思想政治课程以教师为中心,强调政治知识的传授。素质教育提出后,国内学者认识到教师不再是课堂教学的唯一主体,学校课程应以学生为中心,充分考虑学生的主观能动性,不仅强调知识的传授,还呼吁对能力和品格的培养。2011 年教育部印发的《初中思想品德课程标准》中,从情感·态度·价值观、能力和知识三个方面提出思想品德课程的教育目标,在延续传统课程标准知识与能力目标的同时,更加注重学生的全面发展,是我国构建多维课程目标体系的有益探索。构建并不断完善公民知识—公民技能—公民品性三位一体的思想政治教育课程目标体系,体现了新世纪我国培养社会主义建设全面发展人才的要求,是课程改革适应国家发展需要的必然要求。

三、课程标准注重基础教育阶段的连贯性

尽管在形式上,美国公民教育体系庞大,课程内容丰富,教学方法多样,但从实质上看,公民教育课程统一于课程标准所包含的核心内容与基本价值观。20 世纪,美国数次试图通过教育改革改善公民教育质量,最终寻找到推行连贯、统一的课程标准这一有效渠道,教育成效有目共睹。经过 20 余年的实践和探索,目前许多学科都形成了系统的幼儿园—小学—初中—高中课程标准。在公民教育领域,《国家标准》和绝大部分州标准都构建了 K－12 年级整个基础教育阶段完整的课程学习框架,科罗拉多、康涅狄格、肯塔基州等课程标准体系较为完善的州政府甚至提出了学前公民教育的目标和要求,为规范学校课程教学内容和社区实践提供参考。

基础教育阶段是青少年政治认知形成和政治品格发展的重要时期,美国的公民教育课程标准既从整体上设定基础教育阶段课程的学习目标和学习要求,又兼顾不同学习阶段学生的学习能力和特点,有利于帮助青少年形成以公民认知为基础的公民品格,发展参与民主政治的公民技能。公民教育课程标准的整体性体现在两方面,一是国家与联邦州课程标准的统一性,二者统一于《国家标准》确立的基本内容和价值观,二是幼儿园到十二年级课程的连贯性,遵循青少年政治认知的特点,对学生的学习内容加以整合。同时,公民教育课程又兼顾不同年级水平学生的阶段性特征,根据学生所在年级划分学习阶段,设置不同学习阶段的分目标,遵循教育内容和教育目标的渐进性和不同学习阶段学习内容的衔接性。在这种思想指导下,美国公民教育课程标准由总目标和不同阶段的分目标构成,完整地构建了幼儿园到十二年级的公民知识和技能体系,在传播政治思想和政治价值,促进对美国"宪政民主"的认同方面发挥了重要作用。

目前,我国学校课程改革也面临构建小学—中学—大学思想政治教育课程体系的艰巨任务,要从整体上规划课程体系和教育目标,明确不同学习阶段的教学目标与教学内容,美国公民教育系统、连贯的课程标准及其实践经验可以引发一些有益思考。目前我国基础教育阶段思想政治课程的课程标准有《九年义务教育小学思想品德课和初中思想政治课程标准(修订)》《初中思想品德课程标准》和《普通高中思想政治课程标准(实验)》等,大学主要通过《马克思主义基本原理概论》、《中国近现代史纲要》、《毛泽东思想和中国特色社会主义理论体系》和《思想道德修养与法律基础》四门课程开展思想政治教育,是对基础教育阶段思想政治教育的深化与拓展。立足于青少年学生在不同成长时期的学习特点,以学生为中心,统整现有课程体系和课程资源,从整体上规划不同学习阶段的学习目标、学习内容与学习要求,构建系统、连贯的课程标准,加强公民教育的连续性,有利于我国基础教育阶段的公民教育实践。

四、课程标准兼顾国家指导性和地方多样性

从美国建国至今,公民学课程的地位经历了从附属课程,发展到独立课程,从社会科体系中边缘课程发展为核心课程的变化过程,重要性日益凸显。与此同

时,课程的管理权也经历了从教会到政府,从州政府独立负责到联邦政府全面干预的过程。

建国初期,由于传统宗教和教会势力强大,基础公共教育体制并不完善,美国仅有少数地区设置有公民教育课程,宗教教育在一定程度上承担了公民教育的功能,直至宪法第一修正案确立了政教分离的原则之后,美国才开始了公民教育去宗教化的征途。政教分离制度要求公民教育保持政治中立的态度,在价值多元的社会中尽可能采用客观地陈述,而非直接地价值评判。尽管在该制度下衍生了公民宗教这一利用宗教情感开展公民教育的载体,但是,公民教育的管理权回归到了政府。

根据美国宪法第十修正案的条款,美国实施教育分权制度,公民教育的管理权原则上隶属于联邦各州政府。各州自主进行教育立法,设置教育部门,遵循州政府认可的教育理念设置课程标准,开展公民教育实践,但也存在部分地区学校的公民教育课程缺乏统一管理,公民教育发展水平参差不齐等问题。二战后,由于公民教育培养战时公民的需要,美国政府开始了全面干预基础教育之路。20世纪60年代,《国防教育法》《中小学教育法》加强了国家对基础教育的影响;80年代,《国家处于危险之中——教育改革实在必行》的报告引发了教育需要国家宏观指导的思考;90年代,各州教育峰会默认了联邦政府的教育权,《美国2000年教育战略》、《2000年目标:美国教育法》加强了国家政府对基础教育的干预,形成了联邦政府指导下各州公民教育多样化发展的格局。

公民学课程标准出现于国家全面加强对公民教育课程干预的时期。《国家标准》虽然由国家教育部门授权和资助美国公民教育中心制定,并指出对各州的公民学课程不具备法定约束力,但事实上却已成为许多联邦州制定课程标准的参考;联邦各州课程标准虽然明确其在领土管辖范围内的适用性,但核心内容和政治价值都与《国家标准》的规定高度一致。同时,《国家标准》指出它规定的学习内容是一个最低标准,即学生达到特定学习阶段时所应该掌握的基本知识和技能内容,这给各州细化知识点,增加区域特色内容预留了空间,易于被各州和地方教育机构接受。我国是一个多民族国家,行政区域划分、经济发展水平、开放性和包容度等因素也使各地区的公民教育发展水平不一。因此,在制定全国性课程标准时,兼顾国家指导性和地方多样性,为各地区自主开展特色课程实践预留适当空间,保持国家和地区间的适当平衡能有效增加课程活力,彰显课程张力。

第二节 借鉴美国公民教育课程标准的思考

我国《基础教育课程改革纲要(试行)》(2001)中明确指出,课程标准是教材编写、教学、评估和考试命题的依据,是国家管理和评价课程的基础。它不仅界定了课程性质、目标、内容框架,更体现了国家对不同阶段学生在知识、技能和价值观等方面的学习要求。由于中美两国基本国情的差异,我国基础教育阶段公民教育课程的设置与美国有较大区别。在我国绝大多数地区,小学阶段(1 – 6 年级)通过开设思想品德课程,初中(7 – 9 年级)和高中阶段(10 – 12 年级)通过政治、历史等相关课程进行公民教育。20 世纪末 21 世纪初,我国推动了新一轮课程改革,在小学和中学不仅保留原有的思想品德和政治课程,还新设了"品德与社会""品德与生活""历史与社会"等人文社会科学综合课程。在颁布新课程标准的同时,根据时代需要对原有各类课程标准进行了修订。其中政治、思想品德课程与美国的公民学课程相类似,品德与社会、历史与社会等综合类课程标准类似于美国的综合社会科课程标准。

2001 年,教育部印发了《九年义务教育小学思想品德课和初中思想政治课程标准(修订)》,由人民教育出版社出版,用以从整体上指导小学思想品德课和初中思想政治课程的教学、评估、考核和教材编写,目标是加强中小学德育工作,实现大、中、小学德育内容的衔接,提高德育的整体效果。

2014 年,教育部修订了《初中思想品德课程标准》,将初中思想品德课程的基本理念设定为致力于在初中阶段帮助学生过积极健康的生活,做负责任的公民;坚持正确价值观念的引导与学生独立思考、积极实践相统一。该标准从情感·态度·价值观、能力和知识三个方面提出课程目标,并将课程内容具化为成长中的我、我与他人和集体、我与国家和社会三个模块。

2004 年,教育部发布《普通高中思想政治课程标准(实验)》,要求高中的思想政治课教学必须着眼于当代社会发展和高中学生成长的需要,与初中思想品德课和高校政治理论课相互衔接,以马克思列宁主义、毛泽东思想、邓小平理论和"三个代表"重要思想的基本观点为指导,以社会主义物质文明、政治文明、精神文明建设常识为基本内容,引导学生逐步树立建设中国特色社会主义的共同理想,初步形成正确的世界观、人生观、价值观,为终身发展奠定思想政治素质基础。

这三大课程标准是我国基础教育阶段公民教育课程内容和要求的体现,突出行为习惯的养成、道德品质的塑造和政治意识的培养。新课改后,国内部分地区如上海、浙江开始试行类似于美国社会科的综合公民教育课程,并在全国范围内推广。因此教育部于 2011 年出台了《义务教育品德与社会课程标准》《义务教育品德与生活课程标准》《义务教育历史与社会课程标准》。其中,品德与社会、品德与生活课程出现于小学 3 – 6 年级,历史与社会课程出现在初中阶段,这些课程致力于培养 21 世纪全面发展的合格中国公民。

该类课程标准侧重从宏观角度介绍课程宗旨、教学总体目标、课程内容,注重一般规范性和调控性,主要目标是为课程教材编写和评估提供规范,为课程教学提供指导,在教育教学实践中发挥了重要作用。当然在实践中一些地方存在着不同学习阶段的分目标不够清晰,各学段学习内容有待细化,对技能培养要求不明确等问题。

美国公民教育课程标准的产生与运用体现了合法性、合目的性和合规律性的统一。首先,公民教育课程标准产生于公民学课程的成熟阶段和教育立法倡导课程标准化的背景下,集中反映了美国主流政治文化的要求,体现了课程标准的合法性。其次,公民教育课程标准是美国社会试图传承的政治观念和政治情感的文本体现,其教学内容与政治权力所倡导的国家意识相一致,有利于传承和发展政治文化,体现了课程标准的合目的性。最后,公民学课程标准的制定遵循一定的教学理论与教学方法,以美国政治体系运转和进步相关的知识主题为线索,构建难度递增的教学目标与要求,以此指导课程的教学实践,体现了课程标准的合规律性。因此,美国公民教育课程标准的研究可以为我国思想政治教育相关课程建设提供许多有益经验。

一、构建以公民意识为中心的连贯、系统的思想政治教育课程体系

公民教育从某一定程度上说就是培育公民意识的教育。美国的公民意识教育具有悠久的历史传统,这得益于古希腊城邦共和制度和启蒙运动天赋人权思想的传承,使契约精神与权利意识在美国深入人心,政治与社会参与逐渐成为现代公民的一种生活方式。不论是消极公民资格观,还是积极公民资格观主导下的公民教育,都或多或少的体现了对公民意识的关注与培养。学校的公民教育课程既是向青少年系统传授公民知识的重要渠道,也是公民主动参与社会政治生活的前提基础。因为只有青少年具备了基本的公民知识与公民技能,形成正确的人生观、世界观和价值观,才能实现有效、负责的政治参与。贯穿整个基础教育阶段持续的公民教育课程,为青少年形成公民意识,了解美国历史、社会政治制度、政治思想、政治价值,提高参与能力奠定了基础,能帮助青少年掌握有效参与社会生活所必备的公民知识、公民技能和公民品性,成为相互依赖世界中民主、多元社会的合格公民。

我国现阶段对外面临经济全球化和文化多元化的大潮,对内经历全面深化改革和社会转型升级的巨变,这要求个人具备公民意识,自主维护权利并履行义务,积极主动地参与国家社会与政治生活。《国家中长期教育改革和发展规划纲要(2010-2020年)》中明确指出,要加强公民意识教育。学校身负为国家培养良好公民的重任,首先必须构建以公民意识为中心的公民教育目标体系,坚持爱国主义与集体主义教育的同时,关注学生公民意识、公民权利相关知识与能力的培养。

当前,我国新一轮学校课程改革也提出要建立小学—中学—大学完整和连贯的思想政治教育课程标准体系,这对课程体系规划、课程目标设计和课程教学实践提出了更高的要求。

第一,在课程体系规划上,以"大课程观"思想为指导,对学校思想政治教育课程进行总体规划。这要求我国立足于国内小学德育课程、中学政治课程和大学思想政治教育课程现状,对不同学习阶段的课程进行整体调控与规划,规划的内容包括课程教学时序的连贯性和教学内容的衔接性;从国家层面组织小学、中学、大学思想政治教育领域的专家、学者与任课教师共同参与,根据学生在不同学习阶段的特点,设计课程目标与课程内容;建立中小学与大学思想政治教育课程任课教师的互动机制,组织定期交流,及时反馈课程实践。

第二,在课程目标设计上,以公民意识的培养为中心,遵循传授知识、发展能力和培养品性相统一的原则,构建模块式的课程目标。思想政治教育课程目标以我国社会需要的知行合一公民所应具备的政治素质为基本内容,立足于学生政治认知形成与政治行为发展的基本特点和规律,构建不同学习阶段公民知识、公民技能和公民品性模块式的三维教学目标,注重"知""情""行"的辩证统一。

第三,在课程教学中,注重课内、课外教学相结合,培育和建设一支优质的思想政治教育课程教师队伍。学校公民教育既包括显性的政治类课程,也包含课外实践等隐性教育活动。课程目标的实现不仅需要依赖系统、持续的课堂学习,也需要重视课外学习的作用,将课外活动和实践作为课堂学习的有益补充和拓展,还需要依靠教师在课堂中主体作用的发挥。完善的课程目标和课程内容对思想政治教育课任课教师的要求显著提高,教师的综合素质直接影响课程学习效果。因此,在教师培育上,提高师范类学校和思想政治教育相关专业学生培养质量,完善教师资格认证制度,在教师队伍建设上,定期开展思政教师交流、进修、培训与考核,严格把关教师职称评聘,有利于提高教师队伍素质,改善教学质量,更好地完成教学目标。

二、重视和加强思想政治教育社会性资源培育

在中小学公民教育课程标准的研究中过程,以美国公民教育中心为代表的社会性机构屡次进入研究视野。在国家课程标准发行前,社会机构聚集人力、物力开展研发;在课程标准推行过程中,社会机构大量宣传,通过与政府教育主管部门官员、教材出版商、学校和教师的广泛交流提高其认可度;在州课程标准成型期,社会机构主动参与,寻求多方合作以加强对州教育机构的影响;在课程标准的实践期,社会机构通过组织教学研讨、学术交流、测评进行及时反馈。社会资源在中小学公民教育中的作用远不止如此,大量社会成员作为学校的志愿者,服务于学校的课外活动,学校的家长委员会为学生的角色扮演等公民教育实践筹集资金,社区专家和政府专员成为学生服务学习的指导教师,各类博物院、历史场所对学

校团体免费开放。这类社会资源不仅渠道多样,而且资源丰富,以博物馆为例,仅纽约市拥有的博物馆数量就超过 100 个,而位于华盛顿的越战纪念碑、林肯纪念堂、国家历史博物馆每年都会迎接大量学校的参观学习团体。社会性资源成为美国中小学校的强大后盾,为其有效地开展公民教育提供了社会支撑。

近年来,思想政治教育资源也逐渐引起国内学者关注,张耀灿教授指导的博士生陈华洲以《思想政治教育资源论》为毕业论文,系统地阐述了思想政治教育资源的相关问题,后于 2007 年由中国社会科学出版社公开出版,为国内唯一公开出版的思想政治教育资源的专著。作者认为,思想政治教育资源是现实中已经存在,并且有条件被开发利用,有利于实现思想政治教育目的的各种要素的总和,其积极作用的发挥通过教育者地合理开发利用来实现。专著中提出,按照资源存在的形态属性,思想政治教育资源可分为自然资源和社会资源,社会资源是以社会关系为核心,在社会生产活动中可被思想政治教育所利用并发挥着思想政治教育功能的各种要素,由主体资源(如组织资源、教育者资源、群众资源),文化资源,科技资源和信息资源等构成。① 傅安洲教授在讨论德国政治教育研究对我国思想政治教育的启示与借鉴时也提出,我国社会与学校思想政治教育资源的配置和发展不平衡,社会性思想政治教育资源较为匮缺,所以要重视和加强思想政治教育资源体系建设,丰富社会性资源。② 但是,我国关于思想政治教育资源的研究在宏观上主要针对内涵、特点、分类、作用、整合等要素的研究;在类别上主要针对文化资源,尤其是对红色文化资源的研究,区域文化资源、法律资源、政策资源、信息资源和社会实践资源也开始进入研究视野;在适用性上多针对高校思想政治教育资源的研究,针对中小学思想政治教育课程资源研究的成果较少。③

重视思想政治教育资源的理论研究,培育和发展社会性资源,要求我国从宏观上运用经济、政策等手段引导和鼓励社会教育机构的发展,建立和健全社会教育资源的培育和再生机制;还应充分挖掘和利用现有家长会、校友会、志愿者协会

---

① 参见陈华洲. 思想政治教育资源论[D]. 华中师范大学,2007.

② 参见傅安洲,阮一帆,彭涛. 德国政治教育研究[M]. 人民出版社. 2010:312.

③ 中国知网仅检索到 1 篇相关文献,田海林. 中学思想政治教育资源配置研究[D]. 陕西师范大学,2012.

等社会组织的教育功能,引导相关机构多渠道参与学校课程实践;更要实现现有社会资源与学校课程的有效结合,建立有效的互动和协调机制,使社会性资源发挥其最大的教育功能。

三、修订和完善思想政治教育课程的评价体系

如何测量和评价学生在课程中的学习表现和学习成效是各国教育者共同关注的一个问题。美国公民教育课程以《国家标准》为指导,以各州课程标准为基准,既对公民教育课程在不同年级的基本学习内容进行了划分,为教材出版商的教材编订、教师的课程设计提供参考,更为学生学习水平和学业成就的评价提供了内容框架和重要依据。

首先,在课程标准的体系设计上,《国家标准》将公民学课程的学习内容划分为五大主题,以知识主题作为课程编排的线索贯穿幼儿园到十二年级整个学习阶段,融合公民知识、公民技能和公民品性三大学习内容。其次,在课程标准的结构布局上,《国家标准》将基础教育划分为 K－4,5－8 和 9－12 三个学段,设置学生在不同学习阶段应该达成的学习目标,各学习阶段学习内容难度逐渐增加。再次,在学习期望的描述中,将学生的智力技能分为识别与描述,解释与分析,评估事件和问题,选择立场并进行辩护;将参与技能分为寻求合作的技能,监督政治和政府的技能,影响政治和政府的技能,将对学生的学习期望通过不同的等级进行具体的描述,明确学生在完成不同阶段学业时应该能掌握的知识和参与社区活动的能力。课程体系设计,结构布局和学习期望的清晰界定,为课程评估体系的建立、课程学习成就的评估和测评结果的比较提供了具体的、清晰的操作规范。同时,课程评价不仅针对学习结果,还注重对学习过程的评价。教师在实际教学中通过演讲、讨论、研究报告、角色扮演、服务学习等方式对学生学习过程进行记录;评价的主体也不仅局限于教师,课堂学习有学生自评、学习小组成员互评,课外实践有专家评议、社区评议等多种方式;此外,政府和社会性教育机构不定期的测评也是学生评价的重要组成。从与美国公民教育课程标准相对应的学业测评框架中可以总结以下经验。

第一,构建学习结果与学习过程相统一的评价体系。虽然在我国,闭卷考试

在相当长一段时间内仍然是最重要的思想政治教育课程评价方式。但是,评价不应仅关注学生的学习成果,也不应仅以考试成绩来判断学生的学习水平,而应逐步将对学生学习过程的表现性评价纳入测评体系中,为学习过程评价提供政策支持与保障。

第二,构建知识、技能和品格相统一的多维评价体系。立足于中小学思想品德、思想政治课程标准,将知识目标、技能目标和品格目标作为确定测评因子的重要参考,注重课程标准与评价体系相结合,共同促进学生学习效果的最优化。

目前,我国基础教育阶段主要侧重于对学生学习结果的评价,评价主体以教师为中心,评价方法以闭卷考试为主,评价内容侧重于对知识的掌握。许多学者已经注意到现有课程评价的缺陷,呼吁课程改革应建立与课程标准相适应的测评体系。例如,我国新课程标准中对于学习期望水平的新划分标准归类中,将期望目标分为了解水平、理解水平和应用水平[①],描述、识别、举例等技能属于了解水平,解释、分析、评估等技能对应理解水平,使用、应用等动词属于应用水平,这种动词分类可以为评价体系中相应测评框架的制定提供参考。在以每年一次高考为学生基础教育阶段最重要测评依据的我国,新的评价体系必须立足于中小学思想品德和思想政治教育课程实际,通过周而复始的试点—反馈方式逐步推进。

---

① 吴刚平. 国家课程标准中学习水平与行为动词问题探讨[J]. 乐山师范学院学报. 2002. (02).

参考文献

一、中文著作

[1]布莱克维尔政治学百科全书[M].中国政法大学出版社.1992.

[2]巴特·范·斯汀伯根,郭台辉译.公民身份的条件[M].长春:吉林出版集团.2007.

[3]陈立思.当代世界的思想政治教育[M].北京:中国人民大学出版社.1999.

[4]陈光辉,詹栋梁著.各国公民教育[M].台北:水牛出版社.2002.

[5]陈华洲.思想政治教育资源论[M].中国社会科学出版社.2007.

[6]丹尼尔·布尔斯廷.美国人·开拓历程[M].上海:三联书店.1991.

[7]丹尼尔·贝尔.后工业社会的来临——对社会预测的一项探索[M].高铦等译.北京:商务印书馆.1984.

[8]杜威,王承绪译民主主义与教育[M].北京:人民教育出版社.2001.

[9]丁尧清.学校社会课程的演变与分析[M].广州:广东教育出版社.2005.

[10]傅安洲,阮一帆,彭涛.德国政治教育研究[M].北京:人民出版社.2010.

[11]顾成敏著.公民社会与公民教育[M].北京:知识产权出版社.2008.

[12]顾明远主编:教育大词典(第一卷)[M].上海:上海教育出版社.1990.

[13]高峰.美国政治社会化研究[M].北京:首都师范大学出版社.2004.

[14]高峡.小学社会科研究与试验[M].北京:北京师范大学出版社.2004.

[15]格林斯坦,波尔斯比主编.政治学手册精选(下)[M].北京:商务印书馆.1996.

[16]国家教委与联合国儿童基金会1990-1993周期合作调研项目.学习质量和质量标准[M].南宁:广西教育出版社.1995.

[17]教育部基础教育司.历史与社会课程标准解读[M].北京:北京师范大学出版社.2002.

[18]J.马克·霍尔斯特德,马克·A.派克.公民身份与道德教育[M].北京:社会科学出版社.2017.

[19]克林顿著.金灿荣等译.希望与历史之间[M].海口:海南出版社.1997.

[20]蓝维,高峰等.公民教育的理论、历史与实践探索[M].北京:人民出版社.2007.

[21]蓝维.公民教育:理论、历史与实践探索[M].北京:人民出版社.2007.

[22]利科纳著,施李华等译.培养品格:让孩子呈现最好的一面[M].北京:中国社会科学出版社.2005.

[23]李稚勇.社会科教育概论[M].北京:高等教育出版社.2005.

[24]李稚勇,方明生.社会科教育展望[M].上海:华东师范大学出版社.2001.

[25]林京耀,陈荷清.科学——改变世界的主导力量[M].南京:江苏人民出版社.1989.

[26]L.迪安·韦布著.陈露茜,李朝阳译.美国教育史:一场伟大的美国实验[M].安徽教育出版社.2010.

[27]美国国家研究理事会.美国国家科学教育标准[M].北京:科学技术文献出版社.1999.

[28]菲利普·方纳.杰斐逊文选[M].王华译.北京:商务印书馆.1963.

[29]约翰·S·布鲁伯克著,吴元训译.教育问题史[M].安徽教育出版社.1991.

[30]列奥·施特劳斯,彭刚译.自然权利与历史[M].北京:三联书店.2003.

[31]马歇尔,郭忠华译.公民身份与社会阶级[M].南京:江苏人民出版社.2008.

[32]秦树理编.国外公民教育概览[M].郑州:郑州大学出版社.2005.

[33]秦树理.西方公民学(公民教育研究丛书)[M].郑州大学出版社.2008.

[34]戚万学.道德教育新视野[M].济南:山东教育出版社.2004.

[35]苏守波.美国现代化进程中的公民教育[M].山东人民出版社.2011.

[36]施良方.课程理论[M].北京:教育科学出版社.1996.

[37]时蓉华.现代社会心理学[M].上海:华东师范学出版社.2007.

[38]托克维尔,董果良译.美国的民主[M].北京:商务印书馆.1988.

[39]托马斯·帕特森,美国政治文化[M].北京:东方出版社.2007.

[40]托马斯·里克纳著,刘冰等译.美式课堂:品质教育学校方略[M].海口:海南出版社.2001.

[41]唐克军.比较公民教育[M].北京:中国社会科学出版社.2008.

[42]滕大春.美国教育史[M].北京:人民教育出版社.2002.

[43]檀传宝.公民教育引论——国际经验、历史变迁与中国公民教育的选择[M].北京:人民出版社.2011.

[44]檀传宝,默里·善云特.培育好公民——中外公民教育比较研究[M].浙江:浙江教育出版社.2017.

[45]檀传宝.中国公民教育评论[M].北京:社会科学出版社.2016.

[46]威廉·F·斯通.政治心理学[M].黑龙江:人民出版社.1997.

[47]王啸.全球化时代的中国公民教育[M].福州:福建教育出版社.2006.

[48]王文岚.社会科课程中的公民教育研究[M].北京:中国社会科学出版社.2006.

[49]王琪.美国青少年公民教育理论与实践研究[M].北京:北京理工大学出版社.2011.

[50]吴文侃编．中小学公民素质教育国际比较[M]．北京:人民教育出版社．2002.

[51]吴再柱．公民教育与现代学校[M]．北京:清华大学出版社．2016.

[52]西德尼·E·米德．生活的结构[M]．爱丁堡．1952.

[53]尤尔根·哈贝马斯．包容他者[M]．上海:上海人民出版社．2002.

[54]赵亚夫．学会行动:社会科课程公民教育的理论与实践[M]．北京:高等教育出版社．2005.

[55]朱晓宏．公民教育[M]．北京:教育科学出版社．2003.

二、中文期刊、会议论文集

[56]陈新民．美国加利福尼亚州历史—社会科学课程评介[J]．浙江教育学院学报．2005(05).

[57]程可拉,胡庆芳．美国中学社会研究课程的标准与指导思想述评[J]．外国教育研究．2004(06).

[58]丁尧清．美国标准化运动中的社会科课程改革[J]．外国教育研究．2002(09).

[59]戴维·伊斯顿．儿童早期政治社会化过程——对民主参政概念的接受[J]．国外政治学．1985(2).

[60]邓和刚,原祖杰．国家建构视角下的美国早期公民教育[J]．武汉大学学报(社会科学版)．2016(01).

[61]冯文全．论拉斯的价值澄清德育思想及其启示[J]．比较教育研究．2005(01).

[62]丰继平．美国"社会科"有效教学[J]．外国中小学教育．2003(07).

[63]高峰．美国公民教育考察散记[J]．教育与艺术．2003(06).

[64]高峰．美国公民教育的基本内涵[J]．比较教育研究．2005(05).

[65]高峰．当代西方政治社会化理论述评[J]．教学与研究,1997(04).

[66]高峡．美国公民教育课程的设计与内涵——美国社会科课程标准主题探析[J]．全球教育展望．2008(09).

[67]郭忠华.公民资格的解释范式与分析走向[J].浙江学刊.2009(03).

[68]韩雪.90年代美国社会科课程的发展态势[J].比较教育研究.2001(08).

[69]韩雪.美国社会科课程的历史嬗变[J].首都师范大学学报(社会科学版).2002(06).

[70]韩雪.美国社会科课程内容分析[J].首都师范大学学报(社会科学版).2004(01).

[71]胡庆芳.美国高中课程的标准、设置、开发与管理研究[J].比较教育研究.2003(02).

[72]何平,沈晓敏.社会科课程目标的结构、内容和表述方式探析——基于中美社会课程标准的比较[J].全球教育展望.2008(09).

[73]黄建君.中美中小学社会科政治学内容的比较研究[J].全球教育展望.2008(03).

[74]孔锴,孙启林.试论杜威的公民教育思想[J].外国教育研究.2008(09).

[75]柯森,孙捷.美国基础教育社会科全国性课程标准文本评析[J].全球教育展望.2004(02).

[76]柯森.美国90年代的课程改革[J].课程·教材·教法,1997(2).

[77]乐先莲.美国公民资格的理论范式及其在公民教育中的实践[J].比较教育研究.2011(11).

[78]李稚勇.加利福尼亚州与上海中小学社会学科课程比较研究[J].学科教育.1993(06).

[79]李稚勇.分科型·联合型·综合型——中小学社会学科课程结构的比较研究[J].现代教育论丛.1997(05).

[80]李稚勇.中美社会科课程结构的比较研究——兼评社会科课程世界发展趋势[J].课程.教材.教法.2004(08).

[81]李稚勇.美国中小学社会科课程的百年之争——美国社会科课程发展的生机与活力[J].课程.教材.教法.2008(04).

[82]李稚勇,任京民.论美国社会科课程标准之修订——兼论美国社会科发展趋势[J].全球教育展望.2009(01).

[83]李稚勇.社会中心·学科中心·学生发展中心——论美国社会科课程结构的多样化发展[J].外国中小学教育.2009(03).

[84]李稚勇.中美社会科课程标准比较研究(上)[J].学科教育.2003(05).

[85]李稚勇.中美社会科课程标准比较研究(上)[J].学科教育.2003(06).

[86]李稚勇.加利福尼亚州与上海中小学社会学科课程比较研究[J].学科教育.1993(06).

[87]李荟芹,周仕德.美国基础教育社会科课程对"全球教育"的关注及启示[J].外国中小学教育.2010(12).

[88]刘传德,许华.美国的历史教学[J].史学史研究.1997(01).

[89]聂迎娉,傅安洲.全球意识:美国公民教育课程探析?[J].湖北社会科学.2014(05).

[90]任京民.美国社会科课程理念与课堂教学的关系[J].外国中小学教育.2008(05).

[91]任京民.中学社会科课程结构研究[J].浙江教育学院学报.2009(01).

[92]任京民.当代美国社会科教师角色论析[J].教育科学研究.2009,(01).

[93]任京民.美国社会科课堂提问评析[J].外国中小学教育.2009(08).

[94]任京民.论美国社会科课程标准之变革[J].首都师范大学学报(社会科学版).2010(05).

[95]阮一帆,孙文沛.美国公民教育的历史变迁与启示(1776 - 1976)[J].武汉大学学报(社会科学版).2016(01).

[96]沈晓敏,何平.论社会科课程的一体化——来自美国社会科的启示[J].全球教育展望.2008(03).

[97]孙捷.美国基础教育社会科国家课程标准探微[J].外国教育研究.2003

(11).

[98]束永睿,傅安洲,聂迎娉.美国公民教育研究方法新探——批评性话语分析[J].学校党建与思想教育.2013,(03).

[99]束永睿,傅安洲,阮一帆.美国公民教育中心影响力策略研究[J].国家教育行政学院学报2016(02).

[100]沃尔特·C·帕克著,俎媛媛译,高振宇校.21世纪早期的美国社会科与公民教育——研究与实践[J].全球教育展望.2010(02).

[101]吴刚平.国家课程标准中学习水平与行为动词问题探讨[J].乐山师范学院学报.2002.(02).

[102]王永红.二战以来美国社会科的改革与发展[J].课程.教材.教法.2003(06).

[103]王永红.左右美国社会科课程的社会力量分析[J].学科教育.2003(08).

[104]王红.美国公民教育的目标、内容、途径与方法综述[J].外国教育研究.2004(03).

[105]于海静.美国公民教育的历史沿革、现状与发展趋势[J].外国教育研究.2004(03).

[106]颜吾佴,王凤英,李现曾.美国道德教育的考察与启示[J].中共城都市委党校学报.2000(05).

[107]有宝华."培养青年积极公民权利意识"研讨会在马来西亚槟城召开[J].基础教育课程.2005(03).

[108]杨莉娟.促进综合社会课程对学生的有效评价——来自美国国家社会科课程标准的启示[J].教育科学研究.2009(09).

[109]杨莉娟.美国社会科课程标准鉴析及其启示[J].比较教育研究.2009(02).

[110]杨军红.多学科整合之伞——美国"社会研究"课课程介绍[J].全球教育展望.2001(12).

[111]张秀雄.美国公民教育课程的分析[J].人文及社会学科教学通讯.1991

(01).

[112]张伟平. 美国中小学的公民教育[J]. 外国教育研究. 1990(01).

[113]赵亚夫. 美国学校社会科教育的诞生与发展(1916-1983)[J]. 首都师范大学学报(社会科学版). 1999(01).

[114]赵亚夫. 从课程标准看美国的公民教育架构——以科罗拉多州为例[J]. 中国德育. 2010(12).

[115]赵希斌,邹泓. 美国服务学习实践及研究综述[J]. 比较教育研究. 2001(08).

[116]赵忠民. 美国中学课程设置现状及其发展趋势[J]. 外国中小学教育. 1998(05).

[117]赵中建. 普通高中的课程设置和学分制——美国拉德纳高中个案分析[J]. 全球教育展望. 2003(02).

[118]周仕德. 美国基础教育社会科中的多元文化教育及其启示——基于《美国国家社会科课程标准》的分析[J]. 外国中小学教育. 2010(03).

[119]周长祐,韩呼生,金郁向. 美国的公民教育[J]. 国际学术动态. 2003(03).

[120]郑航. 美国社会文化变迁与中小学公民教育[J]. 外国中小学教育. 2001(02).

[121]郑三元,庞丽娟. 美国儿童教育中的"社会学习"课程运动述评[J]. 比较教育研究. 2000(04).

[122]朱旭东,李卫群. 美国联邦政府干预教育的几个理论问题分析[J]. 比较教育研究,1999(04).

[123]钟启泉. 社会科课程目标及其基础学力——美国普通高中基础学科解析(之一)[J]. 外国教育资料. 2000(01).

[124]钟启泉. 社会科课程目标及其基础学力——美国普通高中基础学科解析(之二)[J]. 外国教育资料. 2000(02).

[125]钟启泉. 社会科课程目标及其基础学力——美国普通高中基础学科解析(之三)[J]. 外国教育资料. 2000(03).

［126］钟启泉．社会科课程目标及其基础学力——美国普通高中基础学科解析（之四）［J］．外国教育资料．2000（04）．

［127］钟启泉．社会科课程目标及其基础学力——美国普通高中基础学科解析（之五）［J］．外国教育资料．2000（05）．

［128］钟启泉．社会科课程目标及其基础学力——美国普通高中基础学科解析（之六）［J］．外国教育资料．2000（06）．

［129］方晓东，李新翠．美国构建国家基础教育质量监测评价体系的尝试——实施国家教育进展评估［A］．纪念《教育史研究》创刊二十周年论文集（17）［C］．2009．

三、学位论文

［130］成少钧．美国中小学品格教育研究［D］．硕士学位论文．河北大学．2004．

［131］陈翾．基础教育中公民教育课程研究［D］．硕士学位论文．华南师范大学．2003．

［132］陈华洲．思想政治教育资源论［D］．博士学位论文．华中师范大学．2007．

［133］程晓风．中外公民教育比较研究［D］．硕士学位论文．云南师范大学．2006．

［134］段俊霞．我国中小学社会科课程统整研究［D］．博士学位论文．西南大学．2009．

［135］郭艳芬．国外小学社会科课程与公民教育初探［D］．硕士毕业论文．首都师范大学．2003．

［136］郝运．美国高校服务学习研究［D］．博士学位论文．东北师范大学．2009．

［137］何千忠．论美国社会科中历史教育的目标及内容要素［D］．硕士毕业论文．华南师范大学．2010．

［138］孔锴．美国公民教育模式研究［D］．博士学位论文．东北师范大

学.2008.

[139]罗娜娜.20世纪90年代美国基础教育国家课程标准探析[D].硕士学位论文.沈阳师范大学.2007.

[140]罗许慧.美国中小学公民教育评价研究[D].硕士学位论文.华中师范大学.2011.

[141]卢珊.美国小学"新社会科运动"之研究[D].硕士学位论文.上海师范大学.2010.

[142]林一琦.美国中学社会课中的公民教育课程[D].硕士学位论文.上海师范大学.2015.

[143]任京民.社会科课程综合化的意蕴与追求[D].博士毕业论文.上海师范大学.2010.

[144]孙捷.美国基础教育社会科国家课程标准探析[D].硕士学位论文.华南师范大学.2003.

[145]孙锴.美国基础教育全国课程标准的社会形成研究[D].硕士学位论文.东北师范大学,2005.

[146]田贵华.美国学校品格教育研究[D].硕士学位论文.武汉大学.2005.

[147]田海林.中学思想政治教育资源配置研究[D].硕士学位论文.陕西师范大学.2012.

[148]王连义.公民教育的政治取向研究——以美国为例[D].硕士学位论文.东北师范大学.2006.

[149]王晓艳.美国中小学社会科课程结构研究[D].硕士学位论文.东北师范大学.2011.

[150]肖素红.试论社会科课程中历史教育的地位与作用[D].硕士学位论文.首都师范大学.2004.

[151]解语.全球化背景下的美国学校公民教育研究[D].硕士学位论文.湖南师范大学.2010.

[152]袁利平.美国学校公民教育的历史演进与实践改革[D].硕士学位论

文．西北师范大学．2005.

[153]杨倩．美国公民教育理论(2000－2010)研究[D]．硕士学位论文．北方工业大学．2011.

[154]朱梅．国外公民教育的比较研究[D]．硕士学位论文．华东师范大学．2007.

[155]赵明玉．公民教育视阈中的美国服务学习研究[D]．硕士学位论文．东北师范大学．2005.

四、外文文献

[156]Arthur William Dunn. The Social Studies in Secondary Education, Report of the Committee on Social Studies of the Commission on the Reorganization of Secondary Education. National Education Association, United States Bureau of Education, Bulletin, 1916, no. 28. Washington, D. C.：GPO, 1916

[157]Arthur Eugene Bestor. Educational Wastelands：The Retreat from Learning in Our Public Schools[M]. Urbana：University of Illinois Press, 1953.

[158]Barbara Barksdale Clowse. Brainpower for the Cold War：The Sputnik Crisis and the National Defense Education of 1958[M]. Westport, CT：Greenwood Press, 1981.

[159]Bloom B. S. Taxonomy of Educational Objectives：The Classification of Educational Goals[M]. New York：David McKay Co. Inc. 1956.

[160]Bruce R. Joyce. New Strategies for Social Education[M]. Chicago：Science Research Associate, Inc. 1985.

[161]Center for Information and Research on Civic Learning and Engagement[R]. The Civic Mission of Schools. New York：2003.

[162]Clarence Karier. The Individual Society and Education[M]. Urbana：University of Illinois Press, 287.

[163]Cogan, J. J. Social Studies：Past, Present, Future[J]. Social Education. 1976 (4).

[164]David J. Feith, Evan H. Daar, etc. Teaching America: The Case for civics Education [M]. R&L Education. 2011.

[165]David Warren Saxe. Social Studies in Schools: A History of the Early Years [M]. Albany: State University of New York Press. 1991.

[166]D. Easton, J. Dennis. Children in the Political System [M]. New York: Magraw Hill, 1969.

[167]Derek Heater. A History of Education for Citizenship [M]. Taylor & Francis, 2003.

[168]Derek Heater. What is Citizenship [M]. John Wiley & Sons, 1999.

[169]Derek Heater. Citizenship: The Civic Ideal in World History, Politics and Education [M]. Manchester University Press.

[170]Derek Heater. A Brief History of Citizenship [M]. Edinburgh University Press.

[171]Diane Ravitch, "Tot Sociology," The American Scholar. Summer 1987.

[172] E. Wayne Ross. The Social Studies Curriculum: Purpose, Problem and Possibilities [M]. NY: State University of New York Press. 2001.

[173] Evelyn Holt. Character Education[M]. Blooming, In: ERIC Clearinghouse for Social Studies/ Social Science Education, 2002.

[174]Elsie W. Clews. Educational Legislation and Administration of the Colonial Governments[M]. New York: Macmillan & Co. ,1899. .

[175]Edwin P. Feton, John Good. Project Social Studies: A Progress Report [J]. Social Education. No. 4,1965.

[176]Feinberg, W. Common Schools/Uncommon Identities: National Unit and Cultural Difference[M]. New Haven, CT: Yale University Press, 1988.

[177]Frederick Converse Beach, George Edwin Rines. The Americana: a universal reference library, comprising the arts and sciences, literature, history, biography, geography, commerce, etc. , of the world, Volume 5[M]. Scientific American Compiling Department, 1912.

［178］G. Almond，Comparative Political System［J］. The Journal of Politics，Vol. 18，Aug. 1956.

［179］Gayle Y. Thieman. Crossing Borders，Building Bridges［J］. Social Education，Vol. 72，No. 1.

［180］Guardian of Democracy：The Civic Mission of Schools［R］. The Center for Information and Research on Civic Learning and Engagement. 2011.

［181］Gabriel A. Almond，Sidney Verba. The Civic Culture：Political Attitudes and Democracy in Five Nations［M］. Princeton University Press. 1972.

［182］Gabriel Abraham Almond，G. Bingham Powell. Comparative politics today：a world view［M］. HarperCollins，1996.

［183］Gardner，David P. A Nation at Risk：The Imperative for Educational Reform. An Open Letter to the American People. A Report to the Nation and the Secretary of Education. National Commission on Excellence in Education（ED），Washington，DC. 1983.

［184］Gary Wehlage，Eugene M. Anderson. Social studies curriculum in perspective：a conceptual analysis［M］. Prentice － Hall. 1972.

［185］Herbert Hiram Hyman. Political socialization：a study in the psychology of political behavior［M］. Free Press. 1959.

［186］Higgenbotham，M. ed. What Governors Need to Know About Education Reform［M］. Washington，DC：National Governors Association，1995.

［187］Hess，D. Controversy in the classroom：The democratic power of discussion［M］. New York：Routledge. 2009.

［188］Howard Mehlinger. The Social Studies：Eightieth Yearbook of the National Society for the Study of Education［M］. University of Chicago Press，1981.

［189］Howard D. Mehlinger and O. L. Davis，Jr. The Social Studies. Eightieth Yearbook of the National Society for the Study of Education. University of Chicago Press. 1981.

［190］Jennings，H. F. Why National Standards and Test? Politics and the Quest for Better Schools[M]. SAGE Publications. 1998.

[191]Jack Zevin. Social Studies for the Twenty – First Century [M]. NY: Long-man,1999.

[192]James Banks. Teaching strategies for the Social Studies [M]. Washington: Addison – Wesley Publishing Company. 1977.

[193]James D. Hunter, Culture War: The Struggle to Define American [M]. New York: Basic Books,1991.

[194]James A. Banks. An introduction to multicultural education [M]. Allyn and Bacon. 1994.

[195]June R. Chapin. A Practical Guide to Middle and Secondary Social Studies [M]. Boston: Pearson. 2011.

[196]John J Cogan, Ray Derricott. Citizenship for the 21th Century: An Interna-tional Perspective on Education[M]. Kogan Page Limited. 1998.

[197]James A. Duplass. Elementary Social Studies: Trite, Disjointed, and in Need of Reform? [J]. The Social Studies, 2007,(4).

[198]John Doyle and Stephen C. Shenkman. Revitalizing Civic Education: A Case Study [J]. Florida Bar Journal 80, no. 10. 2006. 31.

[199]Kitty Jones, Robert L. Olivier. Progressive Education is REDucation[M]. Boston: Meador Publishing Co. , 1956.

[200]Kerry J Kennedy. Citizenship Education and the Modern State[M]. The Falmer Press, 1997.

[201]Lucian Pye. International Encyclopedia of Social Science [M], MaCmillan Co. and the Free Press, 1961. Vol. 12.

[202]Michael A. Rebell, Arthur R. Block. Educational Policy Making and the Courts: An Empirical Study of Judicial Activism[M]. Chicago: University of Chicago Press. 1982.

[203]Mark C. Alexander, Law – Related Education: Hope for Today's Students. 20 OHIO N. U. L. REV. 1993.

[204]Marvin W. Berkowitz, Fritz Oser. Moral Education: Theory and Application[M]. L. Erlbaum Associates. 1985.

[205] Mary. E. Haas, Margaret A. Laughlin. Meeting the Standards: Social Studies Reading for K – 6 Educators[M]. Washington, DC: National Council for the Social Studies. 1997.

[206]Mortimer Smith. And Madly Teach: A Layman Looks at Public School Education[M]. Chicago: Henry Regnery Company, 1949.

[207]Michael Donnellan, James Ebben. Values pedagogy in higher education: proceedings of a national conference on values pedagogy in higher education Siena Heights College[R]. Adrian, Michigan, April 1978.

[208]Nathaniel Leland Schwartz. Civic Disengagement: The Demise of the American High School Civics Class[D]. senior honors thesis, Harvard College, 2002.

[209]National Council for The Social Studies, Expectations of Excellence: Curriculum Standards for Social Studies [R]. Washington D. C. ; NCSS Publication. 1994.

[210] Newton Edwards. The Courts and the Public Schools: The Legal Basis of School Organization and Administration[M]. Chicago: University of Chicago Press, 1933.

[211]Quinn M. Pearson. Comprehensive Character Education in the Elementary Schools: Strategy for Administrators, Teachers and Counselors[J]. The Journal of Humanistic Counseling, Education and Development. Vol. 38. June

[212]R. Freeman Butts. The Revival of Civic Learning: A Rationale for Citizenship Education in American School [M]. Phi Delta Kappa Education Foundation. 1980.

[213]R. Freeman Butts. The Civic Mission in Educational Reform: Perspectives for the Public and the Profession [M]. California: Hoover Institution Press. 1989.

[214]Ronald W. Evans. The Hope for American School Reform: The Cold War Pursuit of Inquiry Learning in Social Studies[M]. NY: Palgrave Macmilillam. 2011.

[215]Ronald W. Evans. The Tragedy of American School Reform: How Currirulum Politics and Entrenched Dilemmas Have Diverted Us from Democracy[M]. NY: PALGRAVE MACMILLAM. 2011.

［216］Ronald W. Evans. The Social Studies Wars: What Should We Teach the Children? ［M］. Teachers College Press. 2004.

［217］Ronald W. Evans, David Warren Saxe. Handbook on Teaching Social Issues［M］. National Council for the Social Studies. 1996.

［218］Robert D. Barr, James L. Barth, S. Samuel Sherimis. Defining the Social Studies ［M］. National Council for the Social Studies. 1977.

［219］Rebecca A. Martusewicz: Inside/Out: Contemporary Critical Perspectives in Education ［M］. St. Martins Press. 1994.

［220］Rechard E. Dawson & Kenneth Prewitt. Political Socialization ［M］. Boston: Little Brown and Company. Boston, 1969.

［221］Robert Freeman Butts. A Cultural History of Western Education: Its Social and Intellectual Foundations ［M］. McGraw – Hill. 1955.

［222］Robert Freeman Butts. The American Tradition in Religion and Education ［M］. Literary Licensing, LLC, 2012.

［223］Robert Freeman Butts, Lawrence Arthur Cremin. A History of Education in American Culture ［M］. Holt. 1953.

［224］Russell Francis Farnen. Political Culture, Socialization, Democracy and Education: Interdisciplinary and Cross – national Perspectives for a New Century ［M］. Peter Lang. 2008.

［225］Robert Rolla Hamilton, Paul R. Mort. The Law and Public Education, with Cases［M］. The Foundation Press, inc. , 1941.

［226］Sundquist, J. Politics and Policy: The Eisenhower, Kennedy, and Johnson Years［M］. Washington, DC: Brookings Institution Press, 1968.

［227］Thomas Lickona. Moral Development and Behavior［M］. Holt, Rinehart and Winston, 1976.

［228］Thomas Jesse Jones. Social Studies in the Hampton Curriculum［M］. Hampton: Hampton Institute Press. 1906.

［229］Thomas Lickona. Educating for Character: How Our Schools can Teach Respect and Responsibility [M]. Bantam Trade Paperback ed. 1992.

[230]Tryphena Winifred Linwood. Civics as the Predominant Subject to be Handled in the Social Studies[D]. Prairie View A & M College, 1949.

[231]W. Lloyd Warner, American Life[M]. Chicago: Univ. of Chicago Press. 1953.

[232]W. Llody Warner, Structure of American Life [M]. Edinburgh. 1952.

[233]White, Cameron. Transforming Social Studies Education: A Critical Perspective [M]. Charles C Thomas Pub Ltd. 1999.

[234]Walter Parker. Teaching Democracy: Unity and Diversity in Public Life [M]. Teachers College Press. 2003.

[235]Walter Parker. Renewing the social studies curriculum [M]. Association for Supervision and Curriculum Development. 1991.

[236]Walter Parker, John Jarolimek. Citizenship and the Critical Role of the Social Studies [M]. ERIC Clearinghouse for Social Studies/Social Science Education. 1984.

[237]William D Valente. Law in the Schools. Columbus[M]. OH: Charles E. Merrill Pub. Co. , 1980.

[238]William J. Reese, America's Public Schools: From the Common School to "No Child Left Behind"[M]. Baltimore: Johns Hopkins Universtiy Press, 2005.

五、网站资料

[239]Center for Civic Education. National Standards for Civics and Government [EB/OL]. http://www. civiced. org/index. php? page = stds

[240]National Council for the Social Studies. Expectations of Excellence: Curriculun Standards for Social Studies [EB/OL]. Washington DC: NCSS Publication, 1994. http://www. ncss. org/standards1. 1. html.

[241] David Kerr. Citizenship Education: an International Comparison. 1999 [EB/OL]. http://www. inca. org. uk/pdf/citizenship_no_intro. pdf

[242]The Shape of the Australian Curriculum: Civics and Citizenship. 2012. http://www. acara. edu. au/verve/_resources/Shape_of_the_Australian_Curriculum__

Civics_and_Citizenship_251012. pdf

[243] The National Education Goals: A Report to the Nation's Governors. 1990 [EB/OL].

http://govinfo. library. unt. edu/negp/reports/99rpt. pdf

[244] 美国公民教育中心官网 http://www. civiced. org/index. php

[245] 美国国家社会科协会官网 http://www. ncss. org/

[246] 亚拉巴马州社会科课程学习指南 http://alex. state. al. us/browseSS. php

[247] 阿拉斯加州社会科框架 http://www. eed. state. ak. us/tls/frameworks/ss-studies/first. htm

[248] 亚利桑那州社会科标准 http://www. azed. gov/standards – practices/so-cial – studies – standard/

[249] 阿肯色州社会科课程框架 http://www. arsocialstudies. org/frame-works. html

[250] 加利福尼亚州公立学校历史 – 社会科学标准 http://www. cde. ca. gov/be/st/ss/documents/histsocscistnd. pdf

[251] 科罗拉多州社会科学标准 http://www. cde. state. co. us/CoSocialStud-ies/StateStandards. asp

[252] 康涅狄格州社会科学框架 http://www. sde. ct. gov/sde/cwp/view. asp? a = 2618&q = 320898

[253] 乔治亚州社会科表现标准 https://www. georgiastandards. org/Pages/de-fault. aspx

[254] 夏威夷州社会科标准 http://socialstudies. k12. hi. us/

[255] 新墨西哥州社会科内容标准 http://www. ped. state. nm. us/standards/

[256] 新泽西州社会科核心课程内容标准 http://www. state. nj. us/education/cccs/

[257] 纽约州社会科学习标准 http://www. p12. nysed. gov/ciai/socst/ss-rg. html

[258] 纽约州教育部门官网 http://www. p12. nysed. gov/part100/pages/1005.

html

[259]俄勒冈州社会科学学术内容标准 http://www. ode. state. or. us/search/page/? id=1802

[260]南卡罗来纳州社会科学学术标准 http://ed. sc. gov/agency/programs - services/61/

[261]怀俄明州社会科内容和表现标准 http://edu. wyoming. gov/programs/standards. aspx

[262]学术交流论坛文章:美国教育标准化研究 http://education. stateuniversity. com/pages/2445/Standards - Movement - in - American - Education. html

[263]William B. Stanley, Jack L. Nelson. The Foundations of Social Education in Historical Context, 转引自 http://www. nagb. org/publications/frameworks/civics-framework. pdf

[264]美国宪法在线网:http://www. usconstitution. net/xconst_Am10. html

后　记

　　以公民学课程标准为切入点，梳理美国公民教育与政治文化的相互建构与协同发展，深化对美国公民教育的认识，这是个颇有意思的选题。因为以课程标准文本为基础，可以最大限度摒除美国各州课程标准、教学内容多样性给研究带来的困难，从课程的应然状态探讨公民教育的国家意识。2011年，我在翻译美国公民教育中心颁布的《公民学与政府国家标准》时，开始关注美国公民教育的课程标准。这并不是一个热门研究领域，因为文本研究往往是枯燥的，而且微观、精确描述性的研究成果无论在论文投稿或者课题申报时都并不"讨巧"，这仅仅是我遇到的第一个问题。第二个问题是美国教育分权制决定了公民教育课程标准文本的海量性，国家标准以外，每个州都会制定课程标准，有的州甚至有课程内容标准、表现标准、评价标准等多个标准文本，这些课程标准的收集、逐一整理和归类耗费了大量时间与精力。第三个问题是见微知著、以小见大对理论功底的要求颇深，这对于一个英语专业本科毕业生来说，难度更甚。

　　能够完成全书的写作，离不开众多良师益友的帮助与鼓励。中国地质大学党委副书记、博导傅安洲教授无疑是我学术研究的启蒙恩师。跨专业攻读研究生的我在学习初期不敢随意在课堂发言，害怕参与讨论。导师傅安洲教授根据我个人专业基础薄弱但英语语言优势

194

明显的特点,建议我选择美国作为比较研究的切入点,列出书单,并要求我在硕士阶段就开始旁听博士专业课。从讨论研究方向的切入点,论文选题中的科学问题与框架的逻辑性,甚至小到纠正每一份读书笔记、课堂作业中的错别字与标点符号,他教会了我对待研究科学的严谨态度。毕业以后,傅老师也一直鼓励我继续从事中美公民教育比较研究,指导我申请课题,询问研究进展,在研究中遇到瓶颈时是这些激励着我继续前行。同时,也要感谢中国地质大学马克思主义学院的彭涛教授、高翔莲教授、阮一帆教授,外国语学院张红燕教授,他们对于本书的完成给予了许多帮助,提出了许多有价值的意见。同时,2012年到2013年在美国做访问学者期间,阿尔弗莱德大学(Alfred University)的威廉·比尔(William Bill)教授,孔子学院美方院长 Wilfred Huang 教授,Ann Mornore - Baillargeon 教授,阿克波特中心学区(Arkport Central District)的高年级学监 Jesse Harper 与担任社会科课程教学的 Nicole Walker 与 Michael Aikin 等老师都为本研究提供了极大帮助,我所在工作单位浙江大学宁波理工学院的伍醒主任、曹峰旗副教授以及其他同事亦给予了巨大支持,在此一并感谢。

其次,我还想感谢我的家人。在整个研究过程中,父母总是无条件支持我所有的决定,他们虽不明白我的研究,但愿意陪我体验所有的失意与快意;先生陈佳,毕业后一起经历了异地、异国,最后定居宁波的选择,没有他的鼓励,或许我早已被遇到瓶颈时的退意击败;儿子出生于教育部项目获批的第二年,与我的研究共同成长,他的到来也激励我迎难而上;公婆分担了照顾小儿的重责,他们的默默付出为我提供了坚强的后盾。

本书是我所承担的 2015 年教育部人文社会科学研究青年项目"政治文化变迁中的美国公民教育课程研究及启示"(项目编号:15YJC710044)的主要成果,也体现了我博士论文的主要思想。美国公民教育课程应该主要包括基础教育和高等教育两个阶段。但受时间和精力所限,本书仅选取了基础教育阶段的公民学课程为研究对象,而未针对高等教育阶段的通识课程开展具体研究。事实上,美国高校的公民教育以通识课程为载体,以哈佛大学为代表的通识教育课程改革也能反映课程设置理念与目标的变化,它与美国政治文化变迁的内在机理也有待挖掘。当然,这也为后续的研究留下了空间,希望能在以后的工作和研究中继续探讨该问题以弥补缺憾。